Die Sonne hinter Wolken sehen

3. Anthologie
Lyrik und Prosa

vom
»Literaturklub für Behinderte«
Potsdam

MärkischerVerlag Wilhelmshorst
1998

Herausgegeben vom Literaturklub für Behinderte unter Leitung von Walter Flegel im ›Haus der Begegnung Potsdam‹
(Verein zur Förderung der Integration Behinderter e.V. Potsdam)

Gefördert vom ›Projektfond Bündnis 90 / Die Grünen Brandenburg‹

Umschlagfoto: Pictor

Grafiken: Rosemarie Schnarke (12), Heidrun Hahne (3) und Dorothea Brands (1) vom Malzirkel im ›Haus der Begegnung‹ unter Leitung von Birgit Hildebrandt

Lektorat: Maria Zentgraf

Die Deutsche Bibliothek – CIP-Einheitsaufnahme

Die Sonne hinter Wolken sehen : 3. Anthologie Lyrik und Prosa /
vom Literaturklub für Behinderte Potsdam. - 1. Aufl. - Wilhelmshorst :
Märkischer Verl., 1998
ISBN 3-931329-07-0

---

1. Auflage
© MärkischerVerlag Wilhelmshorst 1998
Druck und Bindung: SPIN Gorzów Wielkopolski
Alle Rechte vorbehalten — Printed in Euroregion Viadrina
ISBN 3-931 329-07-0

11 – 189

11	Annegret Sandrock	Novemberabend	12
		Sag, mein Freund	12
		Die Linde in unserem Garten	13
16	Jörg Darmer	Die Liebe	17
		Geh' ich abends	17
		Leise rauscht die See	17
		Der Traum	18
		Die Liebe II	18
		Bei ihr	19
		Ich wäre gern	19
		Abschied	20
		Die Liebe lässt mich schweben	20
		Das Mädchen aus Böhmen	21
		Halt mich	21
		Ein kleiner Schmetterling	22
23	Lydia Kind	Der Mensch und die Zeituhr	24
		Mein nächstes Leben	25
		Vielfalt	26
		Das gesprochene Wort	27
		Bei Neureichs	28
		Zwei Tannen	29
		Das Gegenüber	30
		Die Fortbewegung	31
		Ein Blatt	32
		Der Peter läuft	33
		Aphorismen	33
35	Hedy Rönz	Andere Begegnung	36
		Augenblicke	36
		Verirrt	36
		Berührung	37
		Die dunkle Stille	37
		Grau	37
		Zeit schenken	37
		Meine Seele	37
		Für Mary in Dar-Es-Salam	38
		Dem Sommer ist	38

INHALT

Ruheplatz	38
Seifenblasen	39
Der graue Himmel	39
Manches verblaßt	39
Ein Sonnenblumenfeld	39
Menschen	39
Afrika	40
Der Schmerz	40
Meine Sehnsucht teilen	40
Das Wiedersehen	40
Vor meinen Augen	40
Meine Träume	41
Den Kindern dieser Welt	41
Ein Lächeln	41
Unter dem milchblauen Himmel	41
Erinnerung	41
Mein Freund – der Baum	42
Meine Tränen	42
Ich habe geglaubt	42
Verloren	43
Augen	43
Der Herbst	43
Verliebt	44
Ich habe mein Gesicht	44
Bekenntnis	44
Erwachen	45
Verzeih!	45
Angst	45
Meine Liebe	46
Ich geb sie gern	46
Deine Hände	46
Vieles wächst	46
Hilflos?	47
Niemals	47
Sonnenstrahlen	47
Was bliebe	47
Mein Licht	48
Am Fenster	48
Sieh Dich nicht zu oft um	48
Traurige Gedanken	48
Ahnung	49

INHALT

	Im Grau	49
Betreten verboten – Herzlich willkommen		49
	Mein Weg	50
	Nimm mich	50
	Wassertropfen	50
	Wann?	51
	Familie Spatz	51
	Loslassen	51
	Hochmut	52
	Wolkenreise	52
	Wie gut	52
	An Mama	53
	An Dich	53
	Der Sonne entgegen	54

55 Horst Jeck

Weihnachtsschein	56
Das Dümmste	56
Vertrauen	57
Frühling auf der Insel	58
Mein Kachelofen	58
Eine harte Nuß	59
Um Ostern	60
Gisbert wispert	60
Gegensätze	61
Über den Weltgeist	62
Zweifel eines Schreibenden	62
Nachhilfen	63
Geist der Wahrheit	64
Schicksal	64
Schemenhaft	65
Im Wimpernschlag	66
Du	66
Abgesetzt	67
Ost oder West?	68
Ruhestörung	68
Werk - un - stättliches	69
Drachenwetter	70
Frühlingssturm	70
Vom Wein	71
Hermannswerder	72
Einsamkeit	72
Fest des Essens	73

INHALT

74	**Heike Kretzler**	Kennt ihr sie?	75
		Ich lebe!	75
		Ich bin voller Glück	75
		Weihnacht – Jahresende	76
		Kinder	76
		Leben oder Sterben?	76
		Erinnerung an Dich	77
		Durch Dich	77
		Naturschauspiel	78
		Ich tanze	78
		Kaltes Leben	79
		Seit ich die Menschen liebe	79
		Mondnacht	79
		Festival-Glück	80
		Ist es der Anfang einer Liebe?	80
		Glücklich	81
		Ich bin verrückt oder verliebt?	81
		Liebeserklärung	81
		Lebenslauf	82
		Sterben	83
		Neujahr	83
		Die Zeit	84
		Ich bin voller Liebe	84
85	**Cordula Lange**	Familienschicksal	86
99	**Rolf Gutsche**	Die Bank	100
		Der Texter	100
		Mief	101
		Wenn ich Dir sag	101
		Ich schwimme	101
		Zeit	102
		Hoffen	102
		Mitmenschliches	102
		Eltern	103
		Elektrorollstuhlfahren	103
		Meine kranke Geschichte	104
		Ich bin wild auf Dich	105
		Einsames Kind	105
		Warum?	106
		Knobi-Baguette	106
		Chaos	107

INHALT

	Der Nachbar 108
	Sprüche 110
	Alt und jung 111
112 Gerda Ziebell	Gänseblümchengeschichte 113
	Er ist's 114
	Im Kuhstall 115
	Für einen Freund 115
	Klara 116
	Freundschaft 116
	Fünf Minuten Freude 117
	Mona Lisa 118
	Der fliegende Weihnachtsbaum 119
	Der glückliche Mann 120
	Anne und Jan 121
124 Brunhilde Weiße	Erinnerungen 125
	Die Reise ins Schlaraffenland 126
	Die Zauberringe 127
	Heimat, Deine Sterne … 129
	Der Alleinunterhalter vom Anhalter Bahnhof 131
	Das Ginkgoblatt 133
	Die Birke 135
	9. Februar 1945 — 1995 136
	Lehrer Toepfer 139
141 Helge Sauer	Ballade 142
	Bettler 143
	Ware Leben 144
	Haben wollen 145
	87 146
	Männer 147
	Zum Abschied 147
	Astronaut 148
	Es ist nicht schwer 149
150 Katrin Lemke	Es war einmal 151
	Eindrücke 161
	Der letzte Apfel am Baum 152
	Wie Kasimir sich auf den Weg machte, sein eigenes Ich zu finden 153
	Deutsche Bomben 154
	Die deutsche Vergangenheit 154
	Der Kobold und seine Muse 155

INHALT

	Große Männer 156
157 Anne-Sofie Back	Gefrorener Acker 158
	Totensonntag 159
	Nur ein Maikäfer 160
	Meines Kindes Gemüt 161
	Jede Träne 161
	Die Leiden der Zeit 162
	Rosen zuhauf 162
	Wer weiss, was bringt der Morgen? 162
163 Mario Horchler	Im Raume beleuchtend 164
	Leben mit Phantasie 165
	Aufsuchen zum Zwecke der Beständigkeit 166
	Von der Wahrheit 167
	Besinnung 167
	Die Kultur der Moderne 167
	Der Tage Lauf weist mir den Sinn 168
	Pflegen der Harmonie 168
169 Ilka Bischoff	Ich sagte Dir 170
	Wenn ich im Traum 170
	Wie Peter den Schnee suchte 171
	Wir träumen 176
	Ich bin 177
	Mein Leben 177
	Der Wetterfrosch 178
	Liebe im Auto oder die vierte Dimension 178
	Ich liebe dich 179
	Für M. 179
	Die Müdigkeit 180
	Ich suche nach meinem Gleichgewicht 180
	Ich suchte 181
	Ich träume immerfort 181
182 Annex	Anstelle eines Nachwortes 183
	Die Autoren 184
	Literaturklub für Behinderte 189
	Verein zur Förderung der Integration Behinderter e.V. Potsdam – Haus der Begegnung 190
	Malzirkel im Haus der Begegnung 190
	Register: Abschied – Zweifel 191

Annegret Sandrock

Rosemarie Schnarke

Novemberabend

Warmer Südwestwind bewegt die
kahlen Zweige der Linde,
und dunkle Wolkenberge hängen am Himmelsbogen. Abendrot
verzaubert die hohen Fichten
vor dem Horizont zum filigranen Scherenschnitt.
Dieser Novemberabend atmet Frieden und Zuversicht.
Aber im Lager von Zaire töten Flüchtlinge die Neuankömmlinge
– aus Verzweiflung –
Darf ich ins Abendrot träumen?

November 1996

Sag, mein Freund ...

Sag, mein Freund, wieviel Verse hat der Koran
und verführt Eva im islamischen Paradies
Adam auch mit einem Apfel?
Was ißt du im Fastenmonat Ramadan
und wer war Atatürk?

Sag, mein Freund, hast du die Hakenkreuze
an der Kirchenwand gesehen?
und hast du es gehört, drei Ausländer wurden überfallen?
Wie groß ist deine Furcht?
Mein Freund, sag, was denkst du über uns?

Die Linde in unserem Garten

Im Garten vor unserem Hause steht eine mächtige Linde. In ihrer Jugend wurde ihr Stamm verletzt. Danach wuchsen fünf eigenständig starke Stämme, deren Äste eine weitausladende, aber geschlossene Krone bilden. Jeder Besucher bewundert diesen Baum. Schon oft ist mir bei ihrem Anblick das Volkslied von der Linde vor dem Tore in den Sinn gekommen.

Im zeitigen Frühjahr, kaum daß die Sonnenstrahlen die Schneeglöckchen zu ihren Füßen hervorlocken, tummelt sich das Spatzenvolk lustig in ihren Zweigen und zupft die bastige Rinde von den im Winter abgestorbenen dünnen Zweigen, um damit ihre liederlich zusammengestopften Nester zu bauen. Auf dem höchsten Punkt sitzt die Amsel und flötet ihr einstrophiges Lied.

Untrügliches Zeichen, daß trotz Wind und Graupelschauer der Frühling nicht mehr fern ist. An einem der Stämme haben wir einen Nistkasten befestigt. Das Schlupfloch ist gerade so groß, daß ein Trauerschnäpperpaar daran Gefallen findet.

Die anderen Bäume und Sträucher des Gartens tragen schon längst ihr frühlingsgrünes Laub, dann erst werfen die aufbrechenden Knospen der Linde ihre rötlichen Hüllen ab. Genau das ist der Zeitpunkt, in dem das Trauerschnäppermännchen den Nistkasten besichtigt und für tauglich befindet. Das Weibchen trifft etwas später ein. Eifrig schlüpft das Männchen vor ihren Augen in den Nistkasten und wieder heraus, womit er kundtut: „Hier ist unsere Wohnung."

Das Weibchen, nicht so auffällig schwarz-weiß gezeichnet wie ihr Partner, interessiert sich vorerst noch nicht für diese Herberge. Aber allmählich kommt auch sie in Brutstimmung, und es wird Hochzeit gefeiert.

Plötzlich, scheinbar eilig, entfaltet die Linde in diesen warmen, oft schon heißen Maitagen ihre Blätter. Zu ihren Füßen tummeln sich Tausende Feuerwanzenlarven. Sie finden Nahrung und Unterschlupf in den zarten Schößlingen.

Im Juni, wenn die langen lauen Abende ins Freie locken, findet sich die Familie unter der Linde zusammen. Es wird erzählt von früher oder über das Heute geredet. Meist versiegt das Gespräch bald, und wir lauschen dem Gesang der Nachtigall, der von der nahen Hecke herüberschallt. Das sind Augenblicke, in denen man hofft, die

Menschheit gäbe Hader und Streit um Besitztum endlich auf.

Wenn im Juli die hellgrünen Kugeln der Blütenknospen aufbrechen, verwandelt sich die Krone in ein duftendes Wirtshaus. Allen voran naschen die Bienen vom süßen Nektarwein. Die Hummeln haben es nicht so eilig. Träge brummen sie von Blüte zu Blüte, aber auch naschhafte Käfer, Blattwanzen und Falter nippen von der klebrigen Köstlichkeit.

Um die hohe Mittagszeit, wenn der honigsüße Duft am kräftigsten und das Summen der Insekten am stärksten sind, verabrede ich mich mit der Nachbarin. Wir holen Körbe und Pappkartons herbei und bringen reiche Blütenernte ein. Wenn die Hitze zu groß wird, schlüpfen wir unter die weitausladenden Zweige. Hier hüllt uns das Summen und Brummen der Bienen und Hummeln ein.

Unsere Hände sind klebrig und duften nach Honig.

Als immer mehr Freunde und Besucher sagen: „Dieser Baum ist zwar wunderschön, aber er verdunkelt eure Wohnung sehr. Bestimmt wird das Haus bald feucht. Die Krone ist schon zu mächtig. Laßt ihn fällen und pflanzt einen jungen an seine Stelle."

Was tun? Lange denken wir nach. Bald geben wir den anderen recht, dann wieder schütteln wir entschieden den Kopf. Wir, mein Mann und ich sind uns einig.

Fällen werden wir den Baum nicht. Nie und nimmer, solange wir leben.

Schließlich finden wir eine Lösung.

Im Winter stutzt mein Mann die weitausladenden Äste bis auf die Stämme. Kahl und nackt sieht die Linde nun aus. Und als die Kinder am Wochenende nach Hause kommen, sind sie bitterböse mit uns. „Habt Ihr gar kein Gefühl für den Baum?! Er wird eingehen – so ohne Zweige, die Blätter bilden können!"

Ich versuche, sie zu beruhigen, und erkläre ihnen, daß eine Linde 30 Prozent ihrer Nährstoffe als Reservestoffe im Rindengewebe speichert und daß deshalb unsere Linde im Frühjahr weniger, aber größere Blätter bilden wird. Und tatsächlich erscheinen im Frühling früher als sonst große hellgrüne Blätter. Sie sitzen zu Hauf, und der Baum sieht aus, als hätte er viele Bubiköpfe. Die Kinder sind wieder ausgesöhnt.

Seitdem sind über fünfzehn Jahre ins Land gegangen. Die Krone ist wieder so mächtig und ausladend wie früher. Wenn im November Regen und Stürme die goldene Blätterpracht lieblos ins Gras gedrückt haben, wird mein Mann die Äste erneut stutzen. Vielleicht nicht ganz so stark wie damals.

Ich habe es der Linde schon gesagt, ihr über die rauhe Rinde gestreichelt und sie getröstet.

Jörg Darmer

Rosemarie Schnarke

JÖRG DARMER

D**IE** L**IEBE** ist
ein Labyrinth
in dem ich
Geborgenheit suche.

G**EH'** **ICH** **ABENDS** zu Bett,
schau ich noch einmal auf Dein Bild,
das in der Schrankwand steht
und ich frage mich,
wie es Dir heute erging.
Ich denke den ganzen Tag an Dich
und freue mich,
daß Du bald wieder bei mir bist.
Bis dahin streichle ich
nur in Gedanken Dein Gesicht
und stelle mir Dich in meinen Armen vor.

L**EISE** **RAUSCHT** **DIE** S**EE**
und ich hör ihr zu,
die Möwen ziehen ihre Kreise
und in Gedanken bin ich bei Dir.

Der Traum

Ich geh im Garten der Lust spazieren
und sehe die Früchte liegen.
Eine lockt mehr als die andere
und die Entscheidung fällt mir schwer.
Ich laß mich leiten von meinen Gefühlen
und liebe am Ende,
wen ich will.

Dezember '96

Die Liebe II

Die Liebe ist ein Traum,
der zu Dir kommt,
wenn Du Dich einsam fühlst
und nach einem Menschen sehnst,
den Du bei Dir haben möchtest.

Du liebst ihn im Traum
mit allen Freuden und Sünden.
Doch der Alltag holt Dich schnell wieder ein
und was Dir bleibt,
ist Dein Traum.

Dezember '96

BEI IHR

Sobald ich einmal Liebe brauch'
und meine Träume reichen nicht mehr aus
und weiß nicht, was ich tun soll
gehe ich dort hin,
wo ich bezahlen kann.
Dort find ich Wärme, die ich such.
Ich streichle sanft die Haut der Frau
und spür für kurze Zeit,
das Glück der Liebe,
weil auch sie die Zärtlichkeit genießt.
Ich möchte keinem Menschen imponieren,
die Gabe liegt mir nicht.
Ich will für Liebe etwas tun,
ausnutzen aber lasse ich mich nicht.
Ich weiß, wie schwer das alles manchmal ist.
Wenn man sich achtet,
gibt es einen Weg.
Bis eines Tages das Glück mich trifft,
geh' ich dorthin.

11. Januar 1997 / 3:30 Uhr

ICH WÄRE GERN
die Uhr an Deinem Arm,
dann wär ich
jeden Augenblick bei Dir
und ginge uns die Zeit viel zu schnell,
ich hielt sie einfach an
für uns.

27. 8. 97

Abschied

Als wir Abschied voneinander nahmen,
sah ich Tränen im Gesicht.
Ich hielt Dich fest in meinen Armen
und sagte leis zu Dir:
„Weine, wenn's Dir hilft, denn jede Träne,
die Du weinst, rinnt
bis zu meinem Herzen.
Dort schließe ich sie ein
und wenn ich einmal traurig bin,
erinnern sie an Dich,
und unsre schöne Zeit."

12. Januar 1997

Die Liebe lässt mich schweben

auf der Wolke des Lebens,
ich komm bei Dir vorbei
und lade dich zu mir
auf meine Wolke ein
und wir fliegen gemeinsam
durch unsere Träume
und vergessen dabei Zeit und Raum,
den Alltag lassen wir hinter uns
heute gibt es nur uns zwei.

29. 8. 97

Das Mädchen aus Böhmen

Ich war zur Kur im Böhmerwald
und sah ein Mädchen,
schlank und wunderschön.

Drei Tage lang
träumt ich von ihr,
dann schrieb ich ihr.

Ich hab gefragt, ob sie mit mir
zum Tanz gehen will.
Sie hat es nicht verstanden.

Noch heute denke ich an sie
und sehne mich
zum Mädchen aus dem Böhmerwald.

Januar 1997

Halt mich

Wie ein Stück Holz
bin ich gestrandet
vom Sturm meiner Träume
und Sehnsucht gezeichnet
suche ich bei Dir die Ruhe,
die ich brauche;
drum halt mich fest,
ich habe Angst,
ich könnte Dich wieder verlieren.

2. 12. 1997

JÖRG DARMER

E<small>IN KLEINER</small> S<small>CHMETTERLING</small>
fliegt von Blüte zu Blüte,
oben auf den Almwiesen ist er
zu Haus
und läßt er sich einmal nieder,
kann ich ihn bewundern
und freu mich an ihm.
Versuche ich ihn zu fangen,
um ihn ganz für mich zu haben,
verliert er seine Pracht
und ich verliere ihn.
Manchmal wünsche ich,
meine Gedanken wären wie Schmetterlinge.
Ich schickte sie auf die Reise
über Berge und Täler,
durch Wiesen und Wälder
mit meiner Sehnsucht
zu Dir
und siehst Du einen meiner Boten,
strecke ihm Deine Hand entgegen.
Er wird Dir sagen:
ICH LIEBE DICH!

17. September 1997

Lydia Kind

Heidrun Hahne

Der Mensch und die Zeituhr

Erst bist Du klein, Du bist ein Kind
und möchtest größer sein, so wie die andern sind,
die nun auch schon zur Schule geh'n,
das wünschst Du dir, das wäre schön.

Dann kommst Du in die Schule rein,
Du freust Dich sicher sehr.
Zuerst meinst du, nun groß zu sein,
doch später dann nicht mehr;
denn in den höheren Klassen,
da sieht es anders aus.
Die großen Schüler kommen
bald aus der Schule raus.
So ist nun mal des Lebens Lauf,
für Dich hört auch die Schule auf.
Jedoch zu Deinem vollen Glück,
fehlt Dir nun wieder noch ein Stück.

Dann bist auch Du erwachsen, Du bist ein junger Mann
und hieltest nun die Zeituhr recht gern ein Weilchen an.
In diesem Alter meinst Du, da macht das Leben Spaß.
Jedoch die Zeituhr dreht sich stets und ohne Unterlaß.

Und eines Tages bist Du alt,
dann denkst Du gern zurück an Deine schöne Kinderzeit
und an der Jugend Glück.
Du würdest froh zur Schule geh'n
und wärst gern noch mal klein.
Bloß leider, leider geht das nicht
noch mal ein Kind zu sein.

Warst Du auch damals mißgestimmt, die Zeit wollt' nie vergehen.
Jetzt wünschtest Du Dir ganz bestimmt,
sie soll sich rückwärts drehen.

Mein nächstes Leben

Ich träumte, ich sei wieder auf die Welt gekommen.
Gleich groß und direkt in unsre Zeit hinein.
Da habe ich mir vorgenommen
auch ein berühmter Mensch zu sein.

Erst meint ich, Spitzensportler sei nicht schlecht;
denn Sport zu treiben ist 'ne gute Sache,
und die Bezahlung eines Spitzensportlers wär mir recht.
Nur wüßt' ich gern, wie lange ich dann Spitze bin
und was ich nachher mache.

Ein Filmstar sein, das wäre auch ganz schön.
Vielleicht käm ich dann mal nach Hollywood.
Nur Actionfilme würde ich nicht dreh'n.
Ansonsten ist auch die Bezahlung gut.
Noch besser und bequemer würd' ich's finden,
ich säße mit im Parlament.
Wenn's mir mal nicht gefällt, kann ich getrost verschwinden,
wie man die leeren Plätze doch vom Fernseh'n kennt.

Auch bei den Abgeordneten da fehlt's nicht an Moneten;
denn ohne Abgeordnete geht es ja nicht.
Wir lesen immer wieder von Erhöhung der Diäten.
Ja, Abgeordnete sind 'ne besondere Schicht.

Das wär es wohl, was mir so recht gefiele.
Nach dieser Tätigkeit da steht mein Sinn.
Ich fühlte mich schon fast am Ziele
und bin enttäuscht, daß ich nicht abgeordnet bin!

Vielfalt

Hast Du auch schon mal bedacht,
was man aus Dir alles macht?

Dein Name, der ist ganz egal,
man nennt Dich anders Mal für Mal,
das liegt in der Betrachtungsweise,
drum schicke ich Dich auf die Reise:

Du wirst zu Deinem Doktor gehen
und mußt Dir sehr bald eingestehen,
obwohl er Dich persönlich kennt,
bist Du wie jeder, sein Patient.

Wo Du nun schon im Gange bist,
erwartet Dich nun der Jurist.
Beim Anwalt bist Du kein Patient,
da bist Du plötzlich der Klient.
„Mandant" – so kann man auch noch sagen,
doch ohne das Mandat zu tragen.

Wie Du schon merkst, von Ort zu Ort,
verändert sich für Dich das Wort.

Machst Du im Kaufhaus Deine Runde,
da bist Du plötzlich wieder Kunde.

Im Bus, im Zug, im Restaurant,
da sieht man uns als Gäste an.
Doch auf der Straße, wie bekannt,
bist Du auf einmal ein Passant.

Fühlst Unrecht Du und gehst zum Staat –
Besucher für den Apparat.
Doch sonst im Staat, ganz allgemein,
da wirst Du nur ein Bürger sein.
Und kommt der Mann von nebenan,
spricht der Dich als Nachbar an.
Du merkst, die Vielfalt ist so ungemein,
Du kannst so ungeheuer vieles sein

und trotzdem bist du stets derselbe Mann;
auch hier kommt's nur auf die Beziehung an.

Das gesprochene Wort

Was man, nein, wie man was erfährt,
das ist schon recht beachtenswert.

Ich wußte etwas schon seit Wochen,
man hatte ja mit mir gesprochen,
das heißt, man hat es mir erzählt –
ich hab ein anderes Wort gewählt.
Man hat es mir genau erklärt –
so kommt es, daß man was erfährt.

Da hat sich mancher schon beeilt
und seinem Freund was mitgeteilt.
Doch plaudert einer aus – man möcht' es nicht erwarten,
das heißt nicht mitgeteilt, das nennt man dann verraten.

Kommt Dich mal jemand fragen,
wenn Du es weißt, wirst Du's ihm sagen.

Im Kaffee und im Restaurant
da diskutiert man stundenlang.
Man kann auch sicher debattieren –
es soll nur zum Ergebnis führen.
Auf der Straße, in den Läden
hört und sieht man Menschen reden.
Man hört sie schimpfen, hört sie toben
und wenn was gut ist, auch mal loben

und was man hört – ob da ob dort –
ist stets nur das gesprochene Wort.

LYDIA KIND

Bei Neureichs fand am Sonntag eine Party statt.
Es waren viele Gäste eingeladen.
Man muß doch einmal zeigen können was man hat.
Ein bißchen anzugeben kann doch gar nicht schaden.

Herr Neureich ist Professor, klug und sehr bescheiden.
Er kam hier wegen seines Forschungsauftrags her.
Frau Neureich mochte keiner so sehr leiden.
Nur sie sich selbst, sie meint, sie sei ja wer.

Da, im Vorübergehen sah Herr Dr. Fliege
– und es begeisterte ihn schon –
'ne wunderschöne alte Liege.
Frau Neureich meinte ganz empört, das sei ein Chaiselongue.

Herr Fliege, noch sehr jung an Jahren,
der fragte nun Frau Neureich ganz schockiert,
er habe von dem Möbelstück zuvor noch nie erfahren.
Ob sie das bitte einmal buchstabiert?

Nun sah Frau Neureich ratlos drein.
Der Herr Gemahl war nicht in ihrer Nähe
und darum meinte sie – es könnt' vielleicht auch 'ne Liege sein,
wenn sie dies Stück so recht besähe!

Bei vielen war ein Lächeln nicht zu übersehn.
Da kam Herr Neureich rein. Danach befragt fand er es einerlei;
denn ihm gefiel dies Ruhebett so schön
und ihm war's gleich, ob es nun Chaiselongue, Couch oder Liege sei.

ZWEI TANNEN stehn im Tannenwald,
die eine meint, daß nun ja bald
das Weihnachtsfest auch wieder wäre,
für sie wär's eine große Ehre
gewählt zu werden als Weihnachtsbaum.
Das sei ihr allerschönster Traum.
Mit bunten Kugeln und Kerzen
erwärmen die Menschenherzen.

Die zweite Tanne hörte das wohlwollend an.
Sie dachte nach und sagte dann:
Ich fand es anfangs wunderschön.
Ich frag mich nur, wie wird es weitergehn?
Denn sieh, so schön auch alles sei,
das Fest ist doch sehr schnell vorbei.
Nach ein paar Tagen braucht man uns nicht mehr
und hier zum Wald kommt keiner wieder her.

Ich möchte doch hier lieber stehen,
im schönen Tannenwald.
Der Winter wird vorübergehen,
dann kommt der Frühling bald.
Die Blumen werden wieder blühen,
wir werden glücklich sein,
daß wir im Wald geblieben sind,
und uns am Sommer freun.

DAS GEGENÜBER, das Entgegen,
begegnet dir auf allen Wegen.
Das Gegenteil – auch so bekannt,
wird unterschiedlich meist genannt,
das wirst du sofort selbst erleben,
ich will dir gleich das Beispiel geben.

Zufriedenheit, ein schönes Wort;
ein „Un" davor – und sie ist fort.
Genauso ist es mit dem Glück,
das „Un" bringt dir das Gegenstück.
„Anti" vernichtet Sympathie.
Das Wörtchen „Dis" die Harmonie.
Und jeder weiß, wohin es führt,
ist alles „des" – organisiert.

Bei Sepsis ist es nur das „A".
Zum Glück ist dann „Asepsis" da.
Das „A" bewirkt auch bei normal
das Gegenteil, wie bei sozial.
Zu loben ist die Diskretion –
ein „In" davor, – veränderts schon.

So fehlt's auch oft an Toleranz,
ein „In" davor und sie fehlt ganz.

Da siehst du selbst, hier nur im Spiel,
ein kleines Vorwort ändert viel
und läßt, als wäre nichts geschehen,
genau das Gegenteil entstehen.

Die Fortbewegung nur zu Fuß
ist interessant, mal zu besehen.
Was man so alles hören muß nur für das Wörtchen gehen.
Geht einer weiter und vielleicht mit andern,
dann spricht man offiziell vom Wandern.
Jedoch geht man in Reih und Glied
zu Fünfen oder Vieren,
dann ist das auch kein Wandern mehr,
das ist dann schon Marschieren.

Wie wohl fast täglich gehen wir, um etwas einzukaufen.
Wir legen nicht mal Tempo drauf
und sprechen schon vom Laufen.
Es ist auch gar nicht unbekannt,
ich bin da schnell mal hingerannt.
Und wenn Du's wirklich eilig hast,
bist Du vielleicht auch hingerast.
Ja, wenn man recht die Ohren spitzt,
dann ist auch mancher schon geflitzt.

Frau Y ist es gelungen,
die ist ins Nachbarhaus gesprungen.

Manch Sportler würd' vor Neid erblassen,
wenn wir ihn das mal hören lassen.
Denn rennt er tausend Meter ohne zu verschnaufen,
dann sagt kein Mensch, der ist gerannt,
da spricht man stets vom Laufen.

Ein Blatt –
ich hab es abgerissen,
zerknüllt und einfach weggeschmissen.

Dann fiel mir ein,
das war gemein –
und dabei will ich doch Naturfreund sein.
Ich weiß, es machen viele Menschen so wie ich –
doch ist das sicherlich kein Trost für mich;

und ich begann mich mal zu fragen,
was könnte so ein Blatt wohl sagen:

Es ist in seiner Form sehr schön
und nur am gleichen Baum zu seh'n,
so daß ein großes Ahornblatt
ganz sicher keine Birke hat.
Es ist auch absolut das Gleiche
bei Linde, Buche oder Eiche.

Das heißt: Ein jeder Baum der hat
das für ihn ganz spezielle Blatt.

Genauso ist es mit dem Strauch,
den kennt man an den Blättern auch.

Ich sah, so wichtig ist das Blatt,
weil es mir viel zu sagen hat.

DER PETER LÄUFT entsetzt nach Haus.
Er kam grad aus dem Kaufhaus raus
und hatte eben festgestellt,
da gibt es Läufer ja – für Geld.

Das konnte Peter nicht versteh'n,
denn schließlich hat er selbst geseh'n
sein Bruder kriegte einen Orden –
er ist als bester Läufer ausgezeichnet worden.
Die Mutter machte ihm nun klar,
daß das doch etwas anderes war.
Den Namen, so muß man das sehen,
den hat auch dieser vom „Draufgehen".

Das hat die Lisa nun gehört.
Die kam herein und meint empört
sie könne das so gar nicht sehen –
sonst dürfte man auf Tischen gehen!

APHORISMEN

Das Wetter hält sich, das ist schön,
doch Arme sind da nicht zu sehn,
man sieht auch sonst nichts an Gestalten;
woran mag sich wohl Wetter halten?

Schnell jede Flüssigkeit heraus,
ich hörte grad, das Schiff läuft aus.
Und daß dem Wasser nichts gescheh',
man sagte auch, es sticht in See.
Ja, meine Angst war wirklich groß
bis ich erfuhr, es fährt bloß los!

LYDIA KIND

Man sagt, das Kleid, es sitzt famos!
Wie soll das sitzen, frag ich bloß,
wo nicht ein Stuhl zum Sitzen steht
und sie im Kleid noch vor uns geht
und außerdem, nicht zu vergessen,
es hat nicht jeder gern gesessen!

Ich habe eine Uhr, die steht auf dem Kamin,
obwohl sie geht, doch nirgends hin.
Die andere Uhr die steht,
doch nur weil sie nicht geht.
was mich nun so in Zweifel zwängt,
ist, daß die Uhr nun stehend hängt!

Ist Deine Arbeit gut gediehen
wird 'ne Medaille Dir verliehen.
Verliehen wird sie, nicht geschenkt,
wenn da auch mancher anders denkt,
denn wenn ich was verleihe, krieg ich das zurück.
Wird's mir verliehen, dann behalte ich das Stück
zum Unterschied, daß man mir etwas leiht,
das geb' ich auch zurück zur rechten Zeit;
denn das ist mir ja nur geliehen worden.
Da ist es gänzlich anders mit den Orden.
Denn Leihen und geliehen und verliehen und verleihen,
das muß man in die rechte Richtung reihen
und das ist offenbar doch nicht ganz leicht,
dieweil ein Wort dem anderen so sehr gleicht!

Der Mond ist aufgegangen,
so, wie der Kuchenteig.
Der ist nun aufgegangen
drum backe ich auch gleich!

Die Tür ist aufgegangen –
auch das kann nicht verdrießen,
denn Tür und Knopf und Reißverschluß
die kann man wieder schließen.

Hedy Rönz

Rosemarie Schnarke

ANDERE BEGEGNUNG

Du hast mich seltsam nah berührt.
Seltsam, weil ich es so empfinde.
Lieb wäre mir deshalb,
ich hätte mich geirrt, –
doch hilft kein Zauberwort
und kein „verschwinde".

Vielleicht hat sich für kurze Zeit
mein Herz vertan, –
parkt in der falschen Straße.
Ich bin verwirrt von meinem Ich
in einem großen Maße.

AUGENBLICKE

Da sind Deine Augen,
tasten sich ran.
Täten sie's nicht,
wärst Du kein Mann.

Da sind Deine Ohren,
verstehen, was ich nicht sag.
Hören genau, daß ich Dich mag.

VERIRRT

Und wieder hast Du ihn belogen.
Und wieder hast Du ihn betrogen.
Weil Deine Seele hungrig war.
Und wieder hast Du Dich belogen.
Und wieder hast Du Dich betrogen.
Du bist Dir selber nicht mehr nah.

BERÜHRUNG

Ich liege wach
und höre nur den Wind,
der durch das Herbstlaub schleicht.
Und etwas ängstlich wie ein Kind,
ahn ich die Nacht,
die mir die Hände reicht.
Legt mir nun mehr und mehr
den dunklen Schleier
auf die Augen sanft und schwer.
Es bleibt der Wind,
der weinend mit der Sehnsucht sich verbindet
und niemals Ruhe findet.

✶

DIE DUNKLE STILLE dieser Tage
läßt mich nicht traurig sein.
Von meinem Glück
schenk ich Dir gerne ein.
Stoß an mit mir.
So schön kann Leben sein!

✶

GRAU sind Himmel, Haus und Wiese.
Schafft die Sonne den Weg durch die Wolken,
wird alles leuchten.

✶

Ich will Dir ZEIT SCHENKEN,
bevor Du sie Dir nimmst.

✶

MEINE SEELE ruht in Deinen Händen.
Es gibt keinen Ort, der sie wärmer bewahren könnte.

HEDY RÖNZ

Für Mary in Dar-es-salam

Ein Jahr –
dann sehen wir uns wieder.
Ich hoffe –
es bleiben uns die Lieder.
Erst recht hoff ich –
uns bleibt die Freundschaft,
die uns heut verbindet.
Daß sich der eine
in dem anderen wiederfindet.

Dem Sommer ist längst der Atem ausgegangen.
Aber er liegt noch auf meiner Haut.

Ruheplatz

Der kleine Garten hinterm Haus ist Ruheplatz.
Hier wächst Klee,
leuchten der Mohn und Margeritenblüten,
auf denen sich Bienen wiegen.

Am Hause klammert sich empor
Klematisranken dichter Flor,
und von der Mauer Wegen
schenkt sie uns Blumenregen.

Hier trifft sich Amsel, Fink und Meise,
ein Regenwurm ist ihre Speise.
Und wohlig putzend das Gefieder,
wogen die Vogelschwänze auf und nieder.

Seifenblasen

Ich schicke einen Traum zu Dir.
In diesem Traum bin ich bei Dir.
In diesem Traum darfst Du mich küssen –
und manch Geheimnis von mir wissen.

Doch packst Du ihn –
willst Du ihn halten,
dann kann der Traum
sich nicht entfalten.

Dann wird er Dir verlorengehn –
Du wirst mich nicht mehr wiedersehn.

✶

Der graue Himmel bringt Regen.
Er ist Spiegel meiner Seele.
Doch bald kommt die Sonne –
leckt die Pfützen und meine Wunden.

✶

Manches verblasst über den Winter.
Aber verloren geht es nicht.

✶

Ein Sonnenblumenfeld
macht meine Augen für alles andere blind.

✶

Menschen – Stimmengewirr im Großstadttreiben.
Ein zufälliges Aufeinandertreffen.
Nicht einmal ein Begegnen.

HEDY RÖNZ

AFRIKA

Glück zeigt sich nicht immer im Lachen.
Da ist schon ein tief zufriedenes Lächeln –
für andere fast unsichtbar.
Aber mehr als auf meinem Mund
macht sich das Glück auf meiner Haut breit
und in meinen Augen.

✶

Da ist DER SCHMERZ –
schnürt meine Seele wie ein Strick,
läßt meine Augen schwimmen.
Es ist mein Abschied.

✶

Du kannst erst MEINE SEHNSUCHT TEILEN,
wenn Deine Augen sehen, was meine sahen –
wenn Deine Ohren hören, was meine hörten
und Deine Seele von all dem erfüllt sein wird.

✶

DAS WIEDERSEHEN
ist immer schon ein Teil vom Abschied.

✶

VOR MEINEN AUGEN
habe ich noch die Weiten Deiner Savannen.
Auf meiner Haut
liegt noch Dein roter Staub.
Auf meinen Lippen
tanzen noch Deine Lieder.
Ich bin bewegt
von der Anmut und Herzlichkeit Deiner Menschen.

✶

MEINE TRÄUME sind weit zu Hause.
Meine Träume haben einen langen Weg.
Darum erzähl ich sie dem Wind,
nur er bringt sie geschwind
an das Ziel.

✶

DEN KINDERN DIESER WELT gehört meine Liebe.
Den Armen und Reichen.
Den Hungrigen und Satten.
Den Kranken und den Gesunden.
Den Geduldeten und Geliebten.

✶

EIN LÄCHELN kam mir entgegen.
Es war in einem Gesicht,
das für manchen Weißen
jegliche Normen bricht.

✶

UNTER DEM MILCHBLAUEN HIMMEL
und seiner sengenden Sonne,
wird jeder Schritt zu einer Herausforderung.
Das Pumpen meines Herzens ist das Einzige,
was ich wahrnehme.

ERINNERUNG

Mein Zimmer ist mir eine Insel, gefüllt mit Erinnerung.
Aber keine von jenen, die verstaubt und vergessen
unter vielen anderen einmal ihren Platz gefunden hat.
    Meine Erinnerung ist aus schwarzen Hölzern geschnitzt.
    Sie ist gewachsen in rissigen Händen,
    die eine Seele haben.

HEDY RÖNZ

Mein Freund – Der Baum

Vor meinem Fenster steht ein alter Birnenbaum.
Er konnte seine Astarme nach allen Seiten entfalten.
Seine Krone, die weit über die Dächer hinausgewachsen ist,
läßt sich vom Wind wiegen.
Ich habe sein Frühlingskleid aus leuchtend weißen Blütenblättchen
als Foto festgehalten,
bevor es vom Wind aufgelöst wurde.
Wie eine Braut, die sich zum Festtag schmückt,
stand er duftend in der Frühlingssonne.
Nun ist er gefüllt mit Früchten, die seine Zweige beschwerend
herunterziehen.
Im dichten Blattwerk haben Amseln, Spatzen und andere Singvögel
ihren Platz gefunden.
Ihr buntes Gezwitscher begleitet mich in den Tag.
Der Baum schenkt mir Ruhe in der Hast des Tages.
Ihm kann ich lautlos meine Sorgen erzählen.
Ich freue mich, daß es ihn gibt.

Meine Tränen machen sich breit auf unserem Kissen.
Und Du schläfst.

Ich habe geglaubt,
im behüteten Nest zu sitzen.
Ich war mir
der Wärme und Behaglichkeit sicher. –
Bis ein Sturm aufkam
und das Nest auseinanderblies.

Verloren

Wenn meine Träume
Deine nicht erreichen,
wenn meine Lippen
sich an andere verliern,
dann ist es ganz gewiß ein Zeichen,
daß unsere Wege auseinanderführn.

Wenn Deine Tage
länger sind als meine
und unser Bett
nur noch als Schlafplatz dient,
dann ist es ganz gewiß ein Zeichen,
daß unsere Wege auseinanderführn.

Und wenn wir dennoch schwören,
uns alle Zeit zu lieben,
zusammen zu gehören,
dann bleibt uns nur das Lügen,
eh wir uns stumm verliern.

Augen streicheln, reden, hassen.
Erst wenn sie blind sind, wirst Du sie vermissen.

Der Herbst nimmt dem Sommer
seine kurzen Schatten.
Er bläst dem Baum sein Kleid vom Geäst.
Läßt es tanzen in warmen Farben.

Verliebt

Ich bin verliebt.
Wenn Sie es noch nicht spürten,
ich bin verliebt in Sie.
Und weil's die anderen alle wissen,
nun wissen es auch Sie.
So oft gesehn,
zu oft gelächelt –
mit Ihrem lieben Blick.

Kommt nun, was kommen muß?
Ist in mir da ein Hoffen?
Ich bin verliebt.
Sie nicht?

Ich habe mein Gesicht nicht verloren.
Ich hatte es nur neben mich gelegt.
Das hatte ich mir geschworen.
Und nichts hat mich besiegt.

Bekenntnis

Dein Mund wirkt wie ein Magnet auf mich.
Käme ich ihm zu nah,
könnte ich mich nicht mehr halten …

Erwachen

Warmes Licht – erstes Begegnen mit dem Morgen.
An jenem Tag, an dem meine Mutter mich gebar.
Ich öffne meine Augen und empfange dieses Licht,
was allem Leben schenkt.
Es kommt über die Dächer zu mir.
Ich bin dankbar, daß ich sehen und empfinden kann.
Vor dem Fenster singt eine Amsel,
und ich schließe noch einmal die Augen.

Verzeih!

Ich habe Dich nicht gekannt,
doch hab' Dich gleich verbannt.
Weil alle sich beklagten
und manches gegen Dich sagten.

Ich wollte nichts anderes sehen
und keinen Schritt mit Dir gehen.

Ich habe nichts Gutes an Dir gelassen.
Begann Dich schon fast zu hassen.
Ich habe Dich verkannt –
und gebe Dir heute meine Hand.

Angst

Und machte ich mich auf, den Frieden zu finden, –
der Krieg kann mich überall einholen.

HEDY RÖNZ

Meine Liebe

Schreibe an Dich einen Brief voller Liebe.
Er fliegt zu Dir durch die Nacht.
Alle Sterne leuchten ihm.
Er findet seinen Weg,
landet auf Deinem Kissen.
Meine Küsse berühren Dich sanft.
Meine Lippen streicheln Dein Gesicht.
   Da schlägst Du die Augen auf
   mit einem verschlafenen Lächeln.
   Ich bin nicht bei Dir –
   doch meine Liebe hat Dich erreicht.

Ich geb sie gern verloren,
des Jahres kalte Zeit.
Im Eis noch Schlittschuhspuren
und Mützen über Ohren,
kauf ich ein Sommerkleid.

Deine Hände auf meiner Haut
komponieren immer neue Melodien.
Sie finden immer den richtigen Ton.

Vieles wächst im Laufe des Lebens an Wichtigem.
Das sind Liebe, Freundschaft und gute Erinnerungen.

HILFLOS?

Dir macht es Mühe bis zur Tür zu laufen.
Ein Stock hilft Dir dabei, –
doch fehlt Deiner zweiten Hand der Halt.
Hilflos suchen Deine Augen nach ihm...
Da steh ich neben Dir.
Mein Arm ist gesund, –
Er wird Dich stützen.

NIEMALS möchte ich die Ruhe verlieren,
in der Landschaft wie in einem Buch zu lesen.
Jede Blüte, jedes Blatt hat eine Geschichte.

SONNENSTRAHLEN streicheln mich,
küssen meine Nase.
Wünsche mir, es wär Dein Gesicht,
läg mit Dir im Grase.

WAS BLIEBE – wenn ich Dich nicht mehr liebe?
Vielleicht ein stummes Lachen
über all die dummen Sachen,
die uns am Ende trennten
und über das, was wir verschenkten.

HEDY RÖNZ

Mein Licht

Hast Du das Land des Lichtes gesehn?
Dort soll der Friede wohnen.
Schon so lang bin ich unterwegs,
müßte ausruhn und mich schonen.

Durch viele Länder und Städte kam ich,
das Land konnte ich nicht finden,
zuviel Haß und Armut sah ich,
genug um darin zu ertrinken.

Du aber nimmst mir die Ängste
ich könnte es nirgendwo finden.
Wir tragen es beide in uns
und wollen uns für immer verbinden.

Am Fenster neben mir ist Stille.
Ungewohnte.
Ich wünsche mir, daß Du es wieder mit Leben erfüllst.

Sieh Dich nicht zu oft um
und trauere dem Vergangenen nach.
Du vergeudest gewonnene Kraft.

Traurige Gedanken lähmen mich.
Ich kann nichts Heiteres denken,
weil ich den Trauermantel „Gleichgültigkeit" trage.

Ahnung

Ich ahne den Frühling,
noch ruht er sich aus.
Doch er schickt schon einmal
die Sonne voraus.

Sie wärmt schon und glänzt
und schmilzt stärkstes Eis.
Vorbei sind die Tage
im frostigen Weiß.

Ich ahne den Frühling,
noch ruht er sich aus.
Ich kann ihn schon riechen,
er steht hinterm Haus.

Im Grau des wolkenschweren Himmels
tanzen die ersten weißen Flocken.
Sie kommen ganz leise –
lassen sich auf allem nieder,
was der Herbst hinterließ.

Betreten Verboten – Privatgrundstück!
Anlegen verboten – Privatsteg!
Betreten auf eigene Gefahr – Kampfhund!
Hier wohne ich – **Herzlich Willkommen!**

Mein Weg

Die Ahornallee im Mantel des Herbsttages steht vor mir wie mein Lebensweg.
Es gibt viel Licht und warme, glänzende Farben.
Viele Brücken, Baumarme, die ineinandergreifen, Blätter, wie miteinander verwoben
zum schützenden Dach.
Aber manchmal bricht die Ordnung auseinander und die Allee hat Lücken;
Brücken reichen nicht aus um zu verbinden.
Doch im Erdreich wachsen andere Bäume heran und werden die fehlenden ersetzen.

Nimm mich

Nimm mich in Deine Hände,
in Deinen Schoß.
Sage nichts,
aber halte mich fest.
So können Stunden vergehen.
Ich bin süchtig nach Deiner Nähe.

Meine Füße lassen **Wassertropfen** wie Glasperlen tanzen.
Schaffen sie es, hoch genug zu springen,
tragen sie für Augenblicke ein Regenbogenkleid, –
bevor der See sie wieder zu sich nimmt.

WANN?

Du fragst mich: Wann?
Ich antworte: — Noch nicht!
 Jahre vergehen.
Du fragst mich: Wann endlich?
Ich antworte: — Nicht mehr!

FAMILIE SPATZ

Ein flinker Spatz im Apfelbaum
hält seine Kinderschar im Zaum.
Lehrt sie wohl das Fliegen,
doch reicht es nur zum Fiepen.
Die Schnäbel sperren sie weit auf,
achten sie doch nur darauf,
daß Eltern Spatz den dicken Wurm,
den Leckerbissen,
am Ende nicht noch selber fressen.

LOSLASSEN

Ich habe Zeit nur für mich.
So laß ich mich treiben von den Gezeiten.
Im Auf und Ab der Wellen fühle ich mich leicht.
Wie auf den Schwingen eines Vogels,
der vom Aufwind getragen wird
und nur die Richtung bestimmt.

Hochmut

Ich gehe auf große Reise,
so sagte die Pusteblume stolz zur kleinen Meise.
Heut scheint die Sonne, der Wind hat die rechte Brise,
ein Narr wäre ich, wenn ich mir das entgehen ließe.
Du aber mußt mit Deinen Flügeln schlagen,
ich laß mich einfach nur vom Winde tragen.
Doch dreht der Wind,
wird sie nicht in den Himmel schweben,
dann landet sie auf unfruchtbaren Wegen.

Wolkenreise

Ein kleines Stückchen Leben
mal mit den Wolken schweben.
Am schönsten Ort verweilen,
muß ich mich nicht beeilen.
Geruhsam zieht die Wolke weiter,
noch ist der Himmel heiter.
   Doch naht ein Sturm,
   naht ein Gewitter,
   wird mir mein Wolkenleben
   auch nicht bitter.
   Setz mich auf einen Regentropfen,
   mit dem ich auf die Erde hopse.

Wie gut, daß Du weinen kannst.
Du verlierst mit den Tränen Deine Angst
und Deine Zweifel.

An Mama

Du hast mich gehegt und gepflegt. Wolltest mich stärken damit
auf dem Weg zum Erwachsenwerden.
Hast mir Probleme weggeräumt.
Vielleicht bin ich deshalb so verträumt.
Vielleicht habe ich's deshalb heute oft schwer.
Und doch – dank ich Dir sehr.

An Dich

Lieben würde ich Dich, streicheln und Dir Wärme schenken.
Du könntest bei mir Deinen Kummer ausweinen,
ich gäbe Dir Kraft wieder fröhlich zu sein.
Mit Dir durch Pfützen hüpfen, Theater spielen und um die Wette laufen,
Sonne angucken und die Sterne am Himmel zählen.
Lieder würde ich so gern mit Dir singen.
Dir Geschichten erzählen – und Du kuschelst Dich an meine Seite
und lauschst mit großen wachen Augen.
Mit nackten Füßen durch Wiesen springen, Schmetterlingen folgend,
– würde ich reden mit Dir über die Welt.
Auch darüber, daß Du irgendwann ohne uns leben wirst.
Deinem eigenen Pfad folgend als Lebensweg gehst.
Dein erster Freund hätte es vielleicht schwer mit mir.
Aber Dein Vater wäre dafür ein großzügigerer Mensch.
Überhaupt, Dein Vater, der Mann den ich liebe,
er ist ein wunderbarer Mensch.
Deshalb auch hätte ich Dich so gern.
Bestimmt würde ich mich in Dir wiederfinden.
Wenn es Dich gäbe, mein Kind.

Der Sonne entgegen

Auf dem Rücken meiner Schimmelstute Dina kann ich alle Gedanken zurücklassen.

Ich gebe den weichen Schwingungen nach, verschmelze so mit dem Rhythmus ihrer Bewegung. Fühlend schmiege ich meine Beine an den ungesattelten Pferdeleib, und wohltuende Wärme überträgt sich auf mich.

Ich nehme den Weg zu den Wiesen an diesem Morgen. Er führt durch den Wald, in dem die Meisen und Finken den frühlingsmilden Februartag zu begrüßen scheinen.

Wir haben den Waldrand erreicht. Noch liegen vor uns auf der weiten Ebene Morgennebel, aber der Horizont ist wie in blaßrote Tücher gehüllt und verspricht einen hellen Tag.

Es sind nur Momente bis die Morgensonne die taufeuchten Gräser glänzen läßt.

An unserer linken Seite fließt lautlos die Nuthe.

Da schreckt ein Entenpaar aus dem fahlen Schilf auf, doch nach wenigen Flügelschlägen landet es wieder beruhigt auf der Wasseroberfläche. Für kurze Zeit werden die Spiegelbilder der Weiden und Birken verzerrt.

Zufrieden über meine ruhigen Hände nimmt die Stute alle reiterlichen Hilfen willig von mir an. Ihr kräftiges Schnauben drückt auch ihr Wohlbefinden aus.

Sekunden meiner Unaufmerksamkeit nutzt sie, um rechts am Wege von den Birkenzweigen zu kosten, die in diesem Jahr schon pralle Knospen tragen.

Dina hat sich inzwischen warmgelaufen und ist zum Traben bereit. Zwischen frischgeworfenen Maulwurfshügeln, deren Erde noch duftet, reite ich der Sonne entgegen.

Februar 1998

Horst Jeck

Rosemarie Schnarke

Weihnachtsschein

Ja – wir leben aus dem Vollen –
Festtagsbraten ist gewiß.
Und es fehlt auch nicht ein Stollen
mit der Mandeln Bitternis.

Bitternis – man hier selbst wählte –
keiner diese sonst wohl will.
Doch durch Weihnachtstage quälte
mancher sich allein und still.

Still? – die „Stille Nacht" verkündet –
höre ich in jedem Jahr.
Doch die Nöte, die wir finden,
sind nicht von der Engel Schar.

Schar – ich denk' an viele Hände –
die zur Hilfe kommen rasch.
Aber seh' ich nicht am Ende –
vieles wirkt mir all zu lasch.

Lasch? – das soll für mich auch gelten –
mühe mich Mitmensch zu sein.
Doch Du sagst – es ist zu selten –
bist Du besser, als Dein Schein?

Dezember 1992

Das Dümmste

Das Dümmste – was ich je gehört –
daß mich Behinderung nicht stört,
ich sei sie ja gewohnt.
Ich nahm gar manches schon in Kauf –
das aber setzt die Krone rauf –
wenn's einer so betont.

An Grenzen stoße ich recht schnell
und werde dadurch ein Rebell –
selbst im Familienkreis.
Nicht weil ich Eigenbrötler bin –
ich suche auch nicht nach Gewinn,
sobald ich etwas weiß.

Mich stört und das sei klar gesagt –
wie leichthin mancher einfach wagt –
ein Urteil abzugeben.
Nur dann, wenn Menschen anderer Art,
vor Vorurteilen sind bewahrt –
läßt es sich leichter leben.

Juli 1995

VERTRAUEN

Nicht Laufen – aber Denken –
das kann ich noch zum Glück.
Vertrauen will ich schenken,
durch meinen klaren Blick.

Ich frage darum immer –
nach jeder Sache.
Ich liebe kein Geflimmer,
auch wenn ich gläubig bin.

Der Alltag sei mir Maßstab
und nicht des Sonntags Wort.
Vertrauen ich schon hingab –
oft wischte man es fort.
Doch wieder will ich's wagen –
an jedem Tag auf's Neu'.
Und käme es zum Klagen –
sprech' ich mich auch nicht frei.

August 1995

Frühling auf der Insel

Der Frühling streift mit seinem Pinsel,
kunterbunt durch uns're Flur.
Er eilte auch zu unserer Insel
und gibt Farbe der Natur.

Das Eis umschließt nicht mehr das Eiland,
Schwäne ziehen ihre Bahn.
Und bunte Blumen steh'n am Wegrand,
Bienen zogen sie schon an.

Was sich im Winter lang verborgen,
wagt sich nun erneut an's Licht.
Ich bin dem Lenze wohlgewogen –
nicht dem Eise – das leicht bricht.

✶

Nun streif ich gern durch die Gefilde –
freue mich am frischen Grün.
Des Frühlings Zauber in dem Bilde
weist zur Auferstehung hin.

März 1997

Mein Kachelofen

Mein Kachelofen gibt mir Wärme
und so kommt es, daß ich schwärme,
von einem großen Lehmgemäuer,
wo im Winter wohnt das Feuer.

Wie prunkvoll wirkt oft das Gebilde,
daß im Sommer, wenn es milde,
in Zimmerecken muß verstauben
darum sollt' er schon dran glauben.

Ein Frevel scheint mir das ganz sicher –
stört der Schwefel jeden Riecher?

Doch niemand meckert – wie ich höre –
wenn es duftet aus der Röhre.

Vom Bratapfel entströmt Aroma,
wie vor Zeiten bei der Oma.
An den Kacheln aufzuwärmen,
schwindet langsam in den Fernen.

Ich sehe nur noch Eisenrippen –
brauche keine Kohlen schippen.
Bequem ist diese Wärmequelle –
mir fehlt die heiße Apfelpelle.

November 1995

EINE HARTE NUSS

„Das Muß ist eine harte Nuß" –
Fontane sagt das mal.
In „Stine" sprach er vom Verdruß.
Auch mir wird Muß zur Qual.

Am Morgen geht es doch schon los,
die Nacht war viel zu kurz.
Mein Jammer wurde riesengroß –
es kam zu dem Absturz.

Der Tageslauf durch Streß begann –
so lautet mein Bericht.
Schon liegt vor mir der zweite Plan,
für eine neue Schicht.

Mit Ach und Krach halt' ich mich fit –
der Abend ist noch weit.
Mir war der Tag bisher kein Hit –
in dieser wilden Zeit.

März 1997

UM OSTERN

Um Ostern ist es manchmal Weiß,
auf Wiesen liegt dann Schnee.
Den Hasen fror oft blau ihr Steiß –
so kam's zu der Idee.

Die weißen Eier – wie bekannt –
im Schnee nicht sichtbar sind.
Ein Hase hat ja auch Verstand –
griff Farbe sich geschwind.

Die Farbe Blau war ihm vertraut,
doch reichte sie nicht hin.
Es hat der Has' sich umgeschaut
und nahm die Farbe Grün.

Nun sind zwei Farben kein Niveau –
das Rot gehört noch her.
In Eis und Schnee – auch Rot der Po –
wird Malen richtig schwer.

Das Suchen nun viel leichter war –
die Eier leuchten weit.
Ob schneereich Ostern wird im Jahr –
ist mir egal – ihr Leut!

März 1997

GISBERT WISPERT

Durch's dunkle Haus huscht Gisbert,
und wispert vor sich hin.
Er sucht verzweifelt Lisbeth –
in's Bett will er sie zieh'n.

Dem Mäuslein war das lästig.
Er hetzt ihr hinterher.

Denn Gisbert fand sie fetzig –
und er wollte mehr.

Nur Lisbeth gar nicht wollte –
grollte nur verschreckt.
Benahm sich wie Frau Bolte –
zollte nicht Respekt.

In wilder Jagd sie hetzen –
wetzen Trepp' auf, Trepp' ab.
Ich hör' das mit Entsetzen –
Fetzen flogen gar.

Der Gisbert nahm den Hocker –
Rocker handeln gleich.
Schon wurde Lisbeth locker –
Schocker machen sie weich.

Dezember 1994

GEGENSÄTZE

Die Gegensätze zieh'n sich an,
bei einer Frau – wie auch beim Mann.
Und ist die Frau hektischer Art –
ist's gut, wenn er die Ruhe wahrt.

Auch Plus und Minus – das ist klar –
gemeinsam wirken sie als Paar.
Doch ist die Kraft zu stark gepolt,
dann blitzt es und der Donner grollt.

Sind Tag und Nacht im Wechselspiel
und Sonne sorgt für's Wohlgefühl,
dann kann es regnen oder schnei'n –
zufrieden wirst Du immer sein.

Januar 1989

HORST JECK

ÜBER DEN WELTGEIST

Wer will den Weltgeist noch erkunden?
Die Alten haben es versucht.
Sie haben nichts von ihm gefunden.
Ist das Thema denn verflucht?

Der Philosophen heres Streben –
was uns allen längst bekannt –
war Suche nach dem Sinn des Lebens.
Doch es fehlte am Verstand.

Danach die Glaubensstifter kamen!
„Ihre Lehre sei das Heil".
Sie sprengten einen alten Rahmen –
schossen ab auf mich den Pfeil.

Ich seh' in Christus meinen Retter.
Ein jeder kann es anders seh'n.
Ich spare mir die nächste Letter.
Man muß nur vor sich selbst besteh'n.

März 1997

ZWEIFEL EINES SCHREIBENDEN

Ich schreibe nur – bin dennoch stolz.
Ich lebe mit der Zeit.
Ich grub die Spur ins morsche Holz.
Ich kam damit nicht weit.

Ich liebe Spaß – der Sinn enthält
Ich wünsch mir mehr davon
Ich spreche aus – was mir mißfällt.
Ich gebe nicht Pardon.

Ich sehe um mich manche Pein.
Ich leide mit die Not.
Ich bin nicht stumm – auch nicht allein.
Ich hoff' aufs Morgenrot!

Ich schreibe nun noch manchen Vers.
Ich kenne nicht die Zahl.
Ich sag' – mein Tun ist kontrovers.
Ich habe keine Wahl.

Mai 1997

Nachhilfen

Das Sehen wurde langsam schwach –
nun hilft die Brille etwas nach.
Beim Hören fehlt es auch am Hall –
kein Hörgerät verstärkt den Schall.

Mit Mühe läuft sich mancher Pfad,
bei weiten Wegen dient das Rad.
Doch Treppen bleiben ein Problem –
die Stöcke sollte man dann nehm'.

Um sich zu füllen seinen Bauch,
wird nun das Kauen schwierig auch.
Die eignen Zähne sind nicht mehr
und das Gebiß belastet schwer.

Es gibt etwas – ich schreib's nicht hin –
die Sache wär' wohl zu intim.
Der Phantasie sei Raum gewährt –
sonst fände man es unerhört.

September 1995

Geist der Wahrheit

O komm' Du Geist der Wahrheit
und kehre bei uns ein.
Verbreite Licht und Weisheit –
verbanne Trug und Schein.

Gieß' aus Dein heil'ges Feuer –
rühr Herz und Lippen an.
Dein Geist sei ein Getreuer,
der Einsicht geben kann.

Um Wahrheit stets zu ringen,
ist leicht dahergesagt.
Nicht immer wird's gelingen –
Gott sei es hier geklagt!

Mai 1997

Schicksal

Dein Schicksal hast Du in der Hand?
Dir armem Narr ist nicht bekannt –
daß Du nur Spielball bist?
Schau Dich doch um, was so geschieht,
es blieb bisher das alte Lied –
gehandelt wird mit Dir.

Was ich geschrieben scheint spontan –
ich sehe manches kritisch an –
Du bist doch nur ein Teil.
Wo Hochmut herrscht am eignen Werk,
bleibt mancher dann am End' ein Zwerg.
Ihm fehlt sein Seelenheil.

Du stehst am Ende nackt und bloß.
Warst Du nicht früher einmal groß
und dämmerst nun dahin?
Dein Geist griff zu dem Selbstschutz jetzt,
sonst wärest Du zu stark verletzt.
War das Dein Lebenssinn?

März 1997

Schemenhaft

Schemenhaft sind die Gestalten,
welche mich in Atem halten –
Nebelschleier zieh'n umher.
Und schon kommen wilde Wesen
und sie schwingen ihre Besen –
machen mir die Schritte schwer.

Manche Pfade muß ich gehen –
ohne klar den Weg zu sehen –
trauen will ich meinem Fuß.
Doch es wird oft schwer beim Laufen,
komm' ins Straucheln an den Haufen,
die ich überwinden muß.

Noch vermag ich nicht zu rasten,
weiter muß ich selber tasten –
in mir unbekanntem Land.
Auch im Hören – ja Erahnen –
öffnen sich mir neue „Bahnen" –
die ich vorher nie gekannt.

April 1995

Im Wimpernschlag

Im Wimpernschlag zerrinnt die Zeit,
in die ich eingebunden.
Begrenzt bleibt meine Lebenszeit –
ich kenne nicht die Stunden.

Ein jeder Tag – den ich erblick' –
voll Freude ist willkommen.
Ob mir sein Stundenwerk auch glückt
und wird er angenommen?

In dieser Frage Zweifeln steckt –
ich kann nicht nur bestehen.
Doch neue Kraft wird dann geweckt,
zum weit'ren Vorwärtsgehen.

Mein letzter Wimpernschlag sei fern –
ich möchte noch viel geben.
Bin ich gerufen dann zum „Herrn" –
war auch erfüllt mein Leben?

Mai 1995

Du

Du bist bei mir –
ich danke Dir –
behütest meinen Schritt.

Du hast den Blick –
für unser Glück
und fühlst für beide mit.

Dann die Pferde auf der Weide –
Wiehern grad wie es gefällt.
Diese Störung ich gern meide –
Ruhe will ich in der Welt.

Und die Stille wird's bald geben,
geht der Raubbau weiter fort.
Allzurasch stirbt ab das Leben –
Totenreich heißt dann der Ort.

Juli 1997

WERK - UN - STÄTTLICHES

Sie schrubben, feilen – falten
und Maulaffen sie halten.
Sie drehen Schrauben häufig –
tun alles was geläufig.

Sie sitzen brav in Reihen –
und sollen sich noch freuen.
Sie lächeln nicht darüber –
Geld wär' ihnen lieber.

Sie sahen doch in Läden –
die Arbeiten aus Fäden.
Sie merkten an dem Preise:
Es lief aus dem Geleise.

★

Sie sollten sich bedanken?
Leider nicht bei Banken!
Sie bleiben stets die Schwachen.
und die andern lachen.

Juli 1997

DRACHENWETTER

Drachenwetter – bunte Blätter
und der Setter meiner Vetter,
tobt herum am Waldesrand.
Doch was machen sie für Sachen? –
Nicht zum Lachen, denn die Bachen
kommen aus dem Wald gerannt.

Schnell sie fliehen mit den Kühen
und sie ziehen dann mit Mühen
in das freie Feld hinein.
Dort im Haine bei der Scheune,
hängen Scheine auf der Leine –
trocknen sich im Sonnenschein.

Schöner Unfug – der sich zutrug –
den ich vortrug – weil ein Umzug?-
Wirrer Quatsch ist alles das.
Doch beim Gehen sollt ihr sehen –
das Verstehen kommt aus Höhen –
wird nur dadurch auch zum Spaß.

Oktober 1992

FRÜHLINGSSTURM

Den Winter hat sie überstanden –
meine Linde vor der Tür.
In ihrem weiten Schatten fanden –
Tiere und auch ich Quartier.

Sie hat den Frost, den Schnee gesehen,
Eiseskälte ihr nichts tat.
Im Astwerk konnten Krähen stehen.
Ausschau halten nach der Saat.

Der Frühlingssturm traf meine Linde,
brach mit Urgewalt den Stamm.
Auch keinen Wandrer ich mehr finde,
der unter ihr zur Ruhe kam.

An meine Linde muß ich denken,
die der Sturm nun hat gefällt.
Ich werde ihrer stets gedenken, –
auch wenn ich fern bin in der Welt.

Januar 1998

Vom Wein

Dieser Wein, das ich beteure –
schmeckt wie reine Essigsäure.
Öxlegrade ich vermisse.
Ist es etwa Winzers … ?

Daraus zog ich meine Lehren –
trank nur Wein von süßen Beeren.
Bretterknaller war'n die Weine
schlugen mir oft weg die Beine.

Alkohol – im Wein vergoren –
öffnet Mund und auch die Ohren.
Doch Glykol in jedem Falle,
Frostschutzmittel spürt die Galle.

Im Weine soll die Wahrheit liegen,
denn im Rausch kann keiner lügen.
Vorsicht sei mir hier geboten –
mancher Wein hat schlechte Noten.

Januar 1998

HERMANNSWERDER

Die Seerosen
zum Rastort werden
den munteren Libellen.
Schwäne – Segeln leicht –
kreuzen sich mit Wellen.
Aus Stille,
die mich hier umfängt,
schöpf' ich meine Kraft.
Am Ufer ruhe ich mich aus –
mein Tagwerk ist geschafft.

Unter Zweigen,
die das Wasser schirmen,
ruhen sich die Enten aus.
Von Ferne läuten Glocken –
froh gehe ich ins Haus.

September 1996

EINSAMKEIT

Teddybären – Kuscheltiere –
sind auch Zeichen dieser Zeit.
Hinter der verschlossnen Türe,
teilen sie die Einsamkeit.

Nachbarn heute sich oft meiden –
jeder lebt für sich allein.
Nur die Tiere sind zu leiden –
denn sie können Tröster sein.

Herrscht nur Kühle noch im Herzen –
keiner mehr auf andre schaut?
Tiere lassen sich noch herzen,
weil man Menschen nicht mehr traut.

Januar 1997

Fest des Essens

Das Fest des Essens hat begonnen –
Weihnachten erstrahlt im Glanz,
und ich habe mich gleich besonnen
auf die pralle Martinsgans.

Das ganze Jahr ein einzig Fasten –
Müsli gab es und Sauerkohl.
Am liebsten wollte ich ausrasten –
doch ich dachte an mein Wohl.

*

Der Nikolaus mich nun besuchte –
in dem Stiefel – Marzipan,
was ich mit Freude gleich versuchte.
Weihnachten fing endlich an.

Ein köstlich Leben alle Tage
mit der süßen Leckerei.
Ich achte nicht auf meine Waage.
Feste sind ja schnell vorbei.

Dezember 1997

Heike Kretzler

Rosemarie Schnarke

Kennt ihr sie?

Die Wohlfühlmagneten?
Treffen sich,
lassen nicht mehr los.

Eng umschlungen
genießen und brauchen sie sich.
   – Das ist das Leben
       der Wohlfühlmagneten. –

Ich lebe!
Bin voller Liebe,
Wärme und Licht.
Ich liebe mich!

Ich bin voller Glück.
Kann man vor Glück
      platzen?
Dann wird das bald mit mir gescheh'n.

In meinem Bauch
kribbelt es angenehm warm.
Ich könnte jeden umarmen
und zu jeder Musik
leicht und beschwingt tanzen.

Bitte haltet mich fest,
sollte ich gen Himmel entschwinden!

Weihnacht – Jahresende

Dunkel und kalt ist der Monat,
Schwer mein Gang,
Betrübt meine Seele,
Und ich verliere an Kraft.

Warte auf den Neubeginn
Durch Besinnung.
Ich gehe in mich
Und finde das Licht
Der Wärme und der Liebe.

Kinder

fühlen sich oft nicht verstanden
Wir erreichen sie nicht,
obwohl wir selbst Kinder waren.

Wir haben Erwartungen an sie,
sind verletzlich
und dienen nur uns selbst.

Kinder sind anstrengend,
      sagt „man".
Und wie ist unsere Welt
      für die Kinder?

Leben oder Sterben?

Die Wirtschaft
bringt Bäume um.
Weil sie blühen soll.

Erinnerung an Dich

für Rosemarie

Ein solch zufriedenes,
freundliches Gesicht
habe ich noch nie gesehen.

Zu jeder Zeit
war es schön anzusehen.
Und ließ mich nicht mehr los.

Es waren die blauen Augen
mit ihren leichten Falten,
die ich zu lieben begann.

Nun ging ich auch
mit einem Lächeln durch die Welt.
Und dachte immerzu an Dich.

Da ich ein Stück von Dir
in mir trage,
sehe ich Dich.

6. 2. 1996

Durch Dich

habe ich
mein Lächeln wieder bekommen.
Auf Dauer hoffe ich!

Ich fühle im mir
tiefe Zufriedenheit.
Wie nie zuvor.
Als hätte ich etwas gefunden!
   – DICH

4. 7. 1996

Naturschauspiel

Der Sturm tobt und treibt die Wolken.
Wollte ich jetzt schreien, wäre es zwecklos.
Man würde nie dort suchen, wo ich bin.
Ich stehe am Fenster.
Und habe keinen Grund zum Schreien.
Oder doch?
Wenn ich sehe,
wie die Äste der Trauerweide sich biegen,
geschlagen und getrieben werden,
vom hartnäckigen Wind,
der sich als Sturm entpuppt.
Er will alle Blätter haben.
Mancher Baum mußte schon alles geben.
Die Blätter der Trauerweide erfreuen mich,
mit ihren gelbgrünen Farben.
Der Baum war meine Sonne,
wenn die nicht schien.
Du darfst sie mir nicht nehmen.
Du Wind, der sich hinter dem Sturm versteckt.
Und sagt: „Ich war es nicht ...!"
Warum mußt Du so rauh sein?
Hat die Natur das von uns gelernt?

1. November 1994

Ich tanze schwebend
wie eine Schneeflocke.
Die Erde dreht sich auch!
So tanze ich mit ihr
in den Himmel.

KALTES LEBEN

Mir ist kalt.
Aber einsam fühle ich
mich nicht.

Menschen
geben mir Kraft.

Doch sie wärmen
nicht immer
meine Seele.

SEIT ICH DIE MENSCHEN LIEBE
wie sie sind,
muß ich sie nicht besitzen.
Kann sie ihren Weg gehen lassen,
ohne leiden zu müssen.

August 96

MONDNACHT

Lange Nächte.
Viel zu kalt
allein ins Bett zu gehen.
Mein Magen knurrt
den Mond an –
oder auch mich.

Ein Glühwein noch
und ohne weiter zu denken,
falle ich in die Kissen.

Festival-Glück

Mein Gesicht
  beginnt von alleine zu lächeln.
Da ich tanzende Menschen sehe
  mit glänzenden Augen.
Ich tanze auch, drehe mich, schwebe.
  Dabei fließen Tränen.
Als hätten sie ein Recht,
  mitzutanzen.

Ist es der Anfang einer Liebe?!

Als wir durch
die Stube tanzten,
uns umarmten,
hätte ich gerne
mir gewünscht:
Zeit bleib stehen.

Ein Glücksmoment,
an den ich mich festhalten wollte.
Aber diesmal schwebe ich nicht,
sondern singe.

Ist es vielleicht,
weil ich weiß
ich darf Dich nicht lieben …

Die Sehnsucht
ist größer als der Verstand.
Meine Gefühle aber
wollen Dich
mit Zärtlichkeit bedecken.

GLÜCKLICH

Ich bin verrückt
auf das Leben.
Da ich nie die Welt
umarmen kann,
küsse ich die Luft.

ICH BIN VERRÜCKT ODER VERLIEBT?

Nichts gelingt mir.
Ich kann nichts tun.
Meine Gedanken
sehen schon Gespenster.

Ich denke immerzu
an Dich.
Da Du mich
verzaubert hast.

LIEBESERKLÄRUNG

Ich sehe Dich,
      spüre Dich,
Dein Duft bezaubert mich.

Ich will Dich berühren,
      sauge Deine Frische
und Wärme in mir auf.

Aber ganz besitzen
werde ich Dich nie,
denn Du bist der Frühling.

HEIKE KRETZLER

Lebenslauf

Warum lebe ich?
Ich weiß, daß ich jetzt erst lebe
und vorher damit beschäftigt war, mich zu finden.
Noch nie stand ich mir so nah. Ich bin ich.
Aber was war ich zuvor? – Lebte ich etwa nicht?
Ich war ein Wesen, das irgendwie sein mußte, wie alle,
und immer stieß ich an Grenzen, da ich nie wurde …
Es waren Grenzen aus Stacheldraht, durch die ich wollte.
Keiner verstand mich und auch keiner sagte: „Bleib da! Bei dir!"
Ich hätte es auch nicht verstanden.
Was soll ich bei mir?
Traurig, mutlos schleppte ich mich durch das Leben,
das ich nicht wollte, weil ich es nicht verstand.
Ich tat all das, was ich mußte
und hatte überall meine Schwierigkeiten.
Im Kindergarten beim Sprechen und Laufen.
In der Schule beim Lesen und Schreiben.
Lehre, Arbeit, Zuhause – eine Kette, die sich schließt.
Ich kam aus dem Kreis, der immer enger wurde, nicht mehr heraus.
Lebte weiter, wie man es mir vorlebte.
Und war nicht ich selber.
Die Grenzen überschritten, die Seele blutig.
Und ich fand eine tiefe Leere in mir.
Es hatte keinen Sinn! Komm, gehe fort von hier!
Nicht mehr da sein hielt ich für Rettung.

Und nun sehe ich mich im Spiegel.
Mein Gesicht.
Von Leid und Trauer keine Spur, aber Lachfalten,
die meine leuchtenden Augen noch schöner machen.
Kein bitteres Kämpfen mehr.
Nur mit warmer Kraft, und durch mich selber, komme ich zum Ziel.
Was immer ein Traum war, ist jetzt Wirklichkeit.

Ich lebe zufrieden und ausgeglichen.
Der Anfang meiner Lebensaufgabe ist getan.
Und es werden weitere folgen ...

9. 11. 1994

Sterben

Eine Kerze erlischt
für immer.
Aber zuvor hat sie
viele angezündet.
– Sie lebt –
Denn der Tod
nimmt sich den Körper,
nicht die Seele.
Sie lebt in uns weiter.

23. 10. 1997

Neujahr

Beim Kerzenschein
sitze ich alleine.
Lese ein Buch
und müßte zufrieden sein!

Bin ich es ...
Die süße, warme Milch tut gut.
Der Ersatz des Kusses
und der warmen Umarmung.

'96

Die Zeit

Unaufhörlich tickt die Zeit. So als wollte sie mich mahnen oder treiben, sie sinnvoll zu nutzen. Aber was für ein Wort. Wer bestimmt, ob etwas sinnvoll ist oder nicht? Mit diesen Gedanken grinse ich der Zeit in noch größerer Stärke entgegen und bleibe phlegmatisch auf meiner Couch liegen. Starre in die Luft und werde immer ruhiger, spüre meinen Rücken und die Arme und Beine immer schwerer werden. Ich hänge lose in der Zeit, die mich immer wieder auffordert, etwas zu tun. Aber ich habe zu nichts Lust. Weiß nicht einmal, wie ich auf die Couch gekommen bin. Ist das wichtig? Ich nehme mir Zeit für meine Seele, die sich nicht gut fühlt. Zu leben in ständiger Harmonie, wie das gleichmäßige Ticken der Zeit, ist mir noch nicht gegeben. Ich habe mich wieder ein paar Stufen von ihr entfernt. Meine Augen fallen mir zu und nur noch leise höre ich die Uhren, die mich zum Arbeiten rufen und die Geräusche im Haus. Mich geht das heute alles nichts an, ich träume. Ich stehe auf einer Stufe, die in ein tiefes schwarzes Loch führt. Auf einmal vernehme ich Hilferufe und erkenne eine Hand. Ich kann sie nicht erreichen und weitere Stufen, die in die Tiefe führen, sind nicht zu sehen. Ich möchte weinen, kann aber nicht. Mir bleibt nur noch der Sprung in die Tiefe. In diesem Moment spüre ich etwas Feuchtes in meinem Gesicht und werde wach. Ich hatte geweint. Nun dringt schon wieder das Ticken meiner Uhren an mein Ohr und ich schaue sie an. Das kann doch nicht sein! Nur fünf Minuten sollen vergangen sein? Tick ich nicht richtig oder die Zeit? Aber ich glaube eher, die Zeit tut immer das, was sie will. Ich heute auch. Ich bleibe liegen.

1. 2. 1997

Ich bin voller Liebe und Zärtlichkeit.
Weil wir uns näher kamen.
Nun suche ich ein Opfer
zum Entladen, denn Du bist weg.

27. 8. 1996

Cordula Lange

Rosemarie Schnarke

Familienschicksal

Wolfgang und Regina lernten sich auf einer Tanzveranstaltung kennen. Sie träumten beide immer davon, eine Familie zu gründen. Als sie sich lange genug kannten, zogen sie zusammen zu Reginas Eltern aufs Land, da diese ein Einfamilienhaus hatten, in dem genug Platz für alle war.

Als die Eltern verstarben, erbten Regina und Wolfgang das Haus und den Garten, der dazu gehört. Eines Tages sagte Regina zu Wolfgang: „Jetzt, wo wir beide allein in diesem großen Haus wohnen, sollten wir uns ein Kind anschaffen." Nachdenklich fragte er: „Fühlst du dich denn mit mir einsam?" „Nein", sagte sie, „ich liebe dich über alles. Aber ich möchte meine Liebe auch unserem Kind geben können."

Nach wenigen Wochen bemerkte Regina, daß sich in ihr etwas veränderte. Sie ließ sich untersuchen und bekam die freudige Mitteilung, daß sie schwanger war. Auch Wolfgang freute sich auf das Baby. Die Schwangerschaft verlief normal, keiner ahnte, was auf die Familie zukommen würde. Das neue Leben in Reginas Körper begann sich zu entwickeln und es gab keinen Grund zur Beunruhigung.

Nach acht Monaten wurde das Kind geboren. Große Freude bei den Eltern. Nach ein paar Tagen konnte Regina aus dem Krankenhaus entlassen werden. Bianka mußte noch zur Beobachtung dort bleiben. Nach einem Monat konnte sie ebenfalls nach Hause.

Ein halbes Jahr später bemerkten die Eltern, daß Bianka in ihren Bewegungen eingeschränkt war. Daraufhin ließen Wolfgang und Regina Bianka noch einmal gründlich untersuchen. Sie bekamen die schreckliche Nachricht, daß ihr Kind körperlich behindert ist.

Plötzlich brach für beide eine Welt zusammen. Sie hatten bis jetzt von dieser Problematik noch nie etwas gehört und wußten deshalb nicht, wie damit umzugehen ist. Natürlich war es ein schwerer Schlag, daß Bianka für immer an den Rollstuhl gefesselt sein würde. Aber dennoch wollte Regina eine aufopferungsvolle Mutter sein. Auch Wolfgang bemühte sich, Mutter und Kind so gut es ging, zur Seite zu stehen. Das war nicht immer leicht für ihn, da er im Schichtdienst bei der Polizei arbeitete. Die Mutter gab des Kindes wegen ihre Tätigkeit als Lehrerin vorläufig auf. Sie hoffte, wenn Bianka in einem Kindergarten untergebracht wäre, wieder arbeiten gehen zu können.

Wolfgangs Verdienst war auch nicht so hoch, um Familie und Haus unter einen Hut zu bringen. Sie dachten sogar darüber nach, das Haus und den Garten zu verkaufen und sich eine Wohnung zu suchen. Aber etwas rollstuhlgerechtes war nicht leicht zu finden.

So zogen sie in die nähergelegene Stadt. Eine Sozialarbeiterin nahm sich der Probleme der Familie an und besorgte für Bianka einen bezahlbaren Kindergartenplatz. Hier war Bianka unter ihresgleichen. Mit den anderen Kindern spielte sie gern und fühlte sich wohl. Ihre Mutter holte sie jeden Tag ab. Voller Freude berichtete Bianka dann, was sie alles im Kindergarten gemacht hatte.

Malen, Singen und mit dem Rollstuhl an frischer Luft herumgeschoben zu werden, gehörten zu ihren Lieblingsbeschäftigungen. Trotz der Behinderung war sie ein lebensfrohes Kind. Darüber freuten sich Wolfgang und Regina zwar sehr, aber sie wollten sich nicht damit abfinden, daß Bianka nie mehr gesund würde. Also suchten sie noch einmal einen Spezialisten auf. Der Doktor war bemüht, konnte aber leider auch keine Hoffnung auf Heilung machen.

Er sagte: „Eine Operation würde ihrem Kind nicht helfen, im Gegenteil, es könnte dadurch noch mehr verletzt werden. Das können und wollen wir nicht riskieren. Die Beine ihres Kindes sind von den Knien an gelähmt. Durch einen Eingriff könnte es passieren, daß gesundes Gewebe zerstört wird."

Das hatten Regina und Wolfgang schon oft gehört. Wieder einmal waren sie verzweifelt. Regina fragte sich: „War die Frühgeburt die Ursache? Habe ich etwas falsch gemacht während der Schwangerschaft?" Die Ärzte hatten ihr doch immer wieder versichert, daß alles in Ordnung sei. Sie fing an, sich Vorwürfe zu machen. Wolfgang versuchte, sie zu trösten. Er sagte ihr immer wieder, daß sie keine Schuld hätte. „Du darfst dir das nicht einreden, wir müssen beide lernen, uns damit abzufinden. Ich helfe dir so gut ich kann." Die tröstenden Worte ihres Mannes taten Regina gut.

Mit sieben Jahren kam Bianka in eine Schule für Körperbehinderte. Da die Schule etwa 50 Kilometer vom Wohnort entfernt war, mußte sie im Internat bleiben und konnte nur an den Wochenenden und zu den Ferien nach Hause. Ein neuer Schock für die Eltern. Während Wolfgang arbeitete, war Regina allein zu Haus. Das konnte sie auf die Dauer nicht ertragen. Ständig sah sie Bianka vor sich und war immer in Sorge, daß ihr etwas passieren könnte. Um damit besser fertig zu werden, ging sie auf Arbeitsuche. Leider zunächst erfolglos.

Es dauerte lange, bis sie eine Stelle als Betreuerin in einem Kinderheim fand. Die Arbeit machte ihr Freude. Die Kinder waren dort, weil sie keine Eltern mehr hatten. Regina versuchte, sie mit viel Liebe zu betreuen. Es waren nichtbehinderte Kinder. Damit hatte Regina Schwierigkeiten. Bianka war genauso alt wie diese Kinder. Sie fing an, diese Kinder mit Bianka zu vergleichen und stellte sich immer wieder vor, wie Bianka jetzt laufen würde, wenn sie könnte.

Die Schule war für Bianka kein Problem. Sie lernte gut und verstand sich mit ihren Mitschülern. Der Unterricht verlief genau so, wie bei anderen Kindern auch. Sogar Sport wurde gelehrt. Da Bianka besonders gut tanzen konnte, war Sport ihr Lieblingsfach. Darüber waren Regina und Wolfgang besonders erstaunt. Sie konnten sich gar nicht vorstellen, was ein behindertes Kind alles lernen kann. War es Unwissenheit, Angst oder Ungeduld? Fragen, die beide nicht beantworten konnten.

Im Internat wurde Bianka auf das Leben vorbereitet. Sie lernte kochen, nähen und was sie sonst so brauchte, um später allein zurechtzukommen. An den Wochenenden und in den Ferien wollte sie zeigen und üben, was sie schon gelernt hatte. Aber ihre Mutter verwöhnte sie so gut sie nur konnte.

Das gefiel Bianka gar nicht. Immer öfter stritt sie sich mit ihrer Mutter. Der Vater hielt sich aus allem raus. Immer wenn Bianka im Haushalt mithelfen wollte, sagte Regina: „Das geht nicht, wie willst du denn da herankommen? Ich mach das schon für dich, mein Kind."

Dann war Bianka oft sehr traurig, daß sie am liebsten gar nicht mehr nach Hause wollte. Sie freute sich dann, wieder ins Internat zu können. Die Ferien wurden ihr besonders langweilig, da ihre Freunde alle weiter weg wohnten. Die Mutter nahm sich zwar viel Zeit für Bianka, wenn sie nicht arbeiten ging. Aber für Bianka war der Tag trotzdem nicht ausgefüllt. Sie wünschte sich, bei ihren Freunden zu sein.

Nach der 10. Klasse fingen die Probleme für Bianka jedoch erst richtig an: Es mußte eine Lehrstelle gefunden werden. Ihre Eltern halfen ihr dabei. Sie wollte Bürokauffrau werden. Die Ausbildung war in einer Schule, in der auch nichtbehinderte Jugendliche lernten und wohnten. Bianka wohnte mit zwei nichtbehinderten Mädchen in einer Wohngruppe. Diese Art des Zusammenlebens kannte sie schon aus dem Internat. Nur, von ihren Mitbewohnerinnen wurde sie nicht beachtet und fühlte sich deshalb zu ihresgleichen hingezogen. Ihre Mutter rief jeden Tag bei ihr an und erkundigte sich nach ihrem Wohlbefinden. Dafür wurde Bianka von den anderen gehänselt: „Hat deine Mami Angst um dich; kannst ihr ja petzen, wie böse wir zu dir sind, du armes behindertes Mädchen."

Bianka versuchte oft, mit den Eltern darüber zu reden, aber es half nichts. Die Mutter sagte nur: „Du hast es bald geschafft. Wenn die Ausbildung vorbei ist, kommst du wieder zu uns; wir sorgen schon für dich, eine Arbeit finden wir auch. Vati hat schon herumtelefoniert. Ich glaube, er hat etwas in Aussicht für dich."

Bianka wehrte sich dagegen: „Warum bestimmt ihr alles über meinen Kopf hinweg, ohne mich zu fragen, was ich möchte. Habt ihr euch einmal darüber Gedanken gemacht, was aus mir werden soll, wenn ihr einmal nicht mehr seid?"

Mutter: „Wir wissen am besten, was für dich gut ist."

Vater: „Du bist undankbar, wir machen alles für dich und du hast nichts Besseres zu tun, als die Beleidigte zu spielen."

Bianka: „Wenn ich 18 bin, suche ich mir eine eigene Wohnung, dann seht ihr mich hier nie wieder."

Vater: „Du kommst gar nicht allein zurecht, wie willst du außerdem ohne Arbeit die Miete zahlen können, und wer soll die Wohnung einrichten, du hast nämlich gar keine Vorstellungen vom Leben."

Mit dieser Auseinandersetzung hatte Bianka nicht gerechnet. Sie begab sich in ihr Zimmer, um in Ruhe über alles nachzudenken. Nach einer Weile kam die Mutter zu ihr.

„Bianka, sei doch vernünftig, Vati hat es nicht so gemeint, wir wollen nur dein Bestes, laß uns doch noch einmal über alles reden."

Bianka tat, als wenn sie nichts hörte. Plötzlich sagte sie: „Ihr habt doch gar kein Verständnis für mich. Warum hast du mich geboren, Mutti?"

Die Mutter war schockiert. Sie brach in Tränen aus. Bianka fühlte sich einsam und verlassen. Traurig fuhr sie ins Wohnheim zurück. Mit dem Fahrer des Behindertentransportes verstand sie sich gut, doch an dem Tag sprach sie kein Wort. Sie sehnte sich nach jemandem, dem sie ihre Probleme anvertrauen konnte. Aber wer nimmt sich schon die Zeit, einem Behinderten zuzuhören.

Die Ausbildung schloß sie mit „Ausgezeichnet" ab. Die Suche nach einer Arbeitsstelle war schwer. Sie mußte viele Absagen hinnehmen. Die wahren Gründe dafür hat sie nie erfahren, aber sie führte alles auf ihre Behinderung zurück. Beim Wohnungsamt genau das gleiche. Sie fühlte sich nicht für voll genommen. Bis sie eine eigene Wohnung bekam, durfte sie im Wohnheim wohnen.

Nach einem Jahr fand sie einen Job in ihrem erlernten Beruf. Sie war in einer Behörde angestellt. Als sie sich einigermaßen sicher sein konnte, daß sie dort bleiben durfte, machte sie die Führerscheinprüfung. Da sie noch immer keine Wohnung hatte, konnte sie sparen, um sich ein Auto zu kaufen.

Ihre Eltern glaubten immer noch nicht, daß sie das alles schaffen würde. Ihr Vater sah mit der Zeit ein, daß sie zurecht kam. Die Mutter war immer noch in Sorge um ihr „Kind". Aber die drei versuchten, das Beste aus allem zu machen. Mit ihren Eltern verstand sie sich jetzt besser. Nun konnte sie fast alles so machen, wie sie es schon immer gewollt hatte.

Endlich bekam sie ihre eigene Wohnung, eine Behindertenwohnung. Stufen und Schwellen gab es nicht. So konnte sie sich problemlos mit dem Rollstuhl bewegen. Ihre Eltern halfen ihr beim Aussuchen der Möbel und richteten mit ihr zusammen die Wohnung ein. Bianka hätte nie gedacht, daß alles mal so gut laufen würde. Sie war glücklich. Anfangs war es schwierig, ohne Fürsorge der Eltern zurechtzukommen. Sie wußte zwar aus dem Wohnheim, wie es ist, sich selbst zu versorgen. Doch allein gewohnt hatte Bianka noch nicht. Der Kontakt zu anderen Menschen fehlte ihr sehr. Sie hatte Angst vor Isolation und Einsamkeit. Da sie sich und ihren Eltern beweisen wollte, daß sie selbständig sein konnte, ging sie auch nicht zu ihnen zurück.

Das wäre ein Schritt in die frühere Abhängigkeit. Bianka war froh darüber, daß sie es so weit gebracht hatte. „Wenn es auch nicht leicht sein wird", dachte Bianka, „ich werde es schaffen."

Die Arbeit machte ihr großen Spaß. Sie wünschte sich jedoch Kontakt zu ihren Kollegen. Die beachteten sie nicht. Sie suchte das Gespräch mit ihnen. Meistens sagten sie: „Wir haben selbst genug zu tun, du mußt allein klarkommen." Das stimmte Bianka besonders traurig.

An einem Tag, als sie wieder depressiv war, dachte sie über alles nach: „Wenn ich einen Partner hätte, wäre vielleicht alles einfacher für mich. Andere in meinem Alter sind nicht so einsam wie ich, die haben eigene Familien. Die werde ich nie haben, denn mit einer behinderten Frau möchte kein Mann zusammen leben. Die meisten würden mich doch nur ausnutzen, also werde ich wohl immer alleine bleiben."

Sie hatte das Gefühl, das Leben sei wie eine Achterbahn: mal hoch, mal tief. Der Partnerwunsch in ihr wurde immer stärker. Sie kam nicht mehr davon los. Die junge Frau wußte sich keinen Rat mehr und besuchte ihre Eltern, um mit ihnen über das Problem zu sprechen. Mutter und Vater freuten sich über den Besuch der Tochter. Sie merkten, daß etwas mit ihr nicht in Ordnung sein konnte. Bianka war bedrückt. Als die Familie am Nachmittag beim Kaffeetrinken zusammensaß, fragte die Mutter: „Was ist los mit dir? Ich merke, daß du ein Problem hast. Du kannst jederzeit mit uns reden."

Bianka bestätigte das: „Ja, das weiß ich und ich bin auch froh, daß ich euch habe, doch ich fühle mich einsam und wünsche mir eine Familie. Ich meine einen Partner und ein Kind."

Ihre Mutter ermunterte sie: „Das ging mir früher auch so, als ich Vati noch nicht kannte. Ich glaube, daß du auch einmal den Richtigen findest."

„Ich nicht", zweifelte Bianka.

„Warum denn nicht?" fragte der Vater.

„Weil ich behindert bin", sagte sie.

Regina umarmte ihre Tochter liebevoll. „Du hast schon sehr viel geschafft, gib nicht auf. Das Leben kann trotzdem schön sein. Denke daran, wenn du Hilfe brauchst, wir sind immer für dich da, solange wir noch können."

Bianka darauf: „Und dann?"

Der Einzige, der jetzt noch eine Antwort wußte, war ihr Vater: „Dann wird sich bestimmt auch eine Lösung finden."

Das befriedigte sie nicht. Aber auch ihr fiel keine bessere Antwort ein. Sie sagte nichts mehr dazu. Sie fuhr, immer noch bedrückt, wieder in ihre Wohnung zurück. Sie wollte allein sein.

Am nächsten Tag fühlte sie sich besser und begab sich auf Autosuche. Das Geld hatte sie inzwischen zusammen. Nach langem Suchen in mehreren Autohäusern, fand sie einen Gebrauchtwagen. Das machte ihr nichts aus, denn einen teuren wollte sie nicht. Der Wagen wurde umgebaut und erhielt eine Automatik. Das hieß, noch ein viertel Jahr zu warten. Sie freute sich trotzdem und war voller Ungeduld. „Bald kann ich überall hinfahren, wenn es doch nur schon so weit wäre."

Die Zeit verbrachte Bianka mit Lesen und Fernsehen. Sie hörte Musik, und bei schönem Wetter fuhr sie draußen mit dem Rolli umher. Den Elektrorolli hatte sie erst kürzlich von der Krankenkasse bekommen. Dadurch war sie unabhängiger geworden. Sie mußte sich jetzt nicht mehr schieben lassen. Probleme bereiteten ihr die Einkäufe. Es gab kaum Geschäfte ohne Stufen. Meistens mußte sie Passanten bitten, für sie die Waren zu holen, denn das Personal war oft nicht bereit zu helfen. Die Reaktionen waren unterschiedlich: „Haben Sie denn überhaupt Geld? - Können Sie denn auch bezahlen? - Für Sie wird doch jemand kochen!? - Sie müssen doch nicht selbst für sich sorgen! ..." Oder aber auch: „Selbstverständlich helfen wir Ihnen! - Wenn Sie wieder kommen, bleiben Sie vorne stehen, ich sehe Sie dann! - Sie können ja einen Einkaufszettel rein reichen, dann geben wir Ihnen, was Sie brauchen." Das kam aber selten vor.

Endlich konnte sie das Auto abholen. Sie war lange nicht gefahren und mußte, bevor es richtig losgehen konnte, ein bißchen üben. Als sie sich sicher genug war, daß sie wieder einigermaßen gut fahren konnte, erkundete sie mit dem Auto die nähere Umgebung. Weiter traute sich Bianka erst später.

Nun konnte all das nachgeholt werden, was sie früher versäumt hatte. Im Internat hatte sie nicht die Möglichkeiten, die andere in ihrem Alter hatten. Das Vergnügen kam dort zu kurz. Bianka fuhr mit ihrem Auto inzwischen in andere Städte, um Neues zu erkunden.

Das Einsteigen kostete sie sehr viel Kraft, da erst der Rolli zusammengeklappt werden mußte und von der Beifahrerseite aus eingestiegen wurde. Aber das störte Bianka nicht. Sie wollte fahren und nahm die Anstrengung in Kauf.

Wenn sie mal nicht mit dem Auto unterwegs war, besuchte sie die Theatergruppe in ihrer Nähe. Das gefiel ihr, weil dort auch Behinderte mitspielten, und sie dadurch nicht mehr so einsam war. Sie lernte viele Leute kennen, doch ein geeigneter Partner für sie war leider nicht dabei.

Der Wunsch nach Familie und Geborgenheit kam wieder in ihr hoch. So verbrachte sie Tag für Tag und versuchte, sich das Leben so schön wie möglich zu gestalten. Sie fuhr in den Urlaub, um dort neue Freunde zu finden, da sie zu ihren alten keine Verbindung mehr hatte. Sie waren zwar nicht im Bösen auseinander gegangen, aber die Entfernung war zu groß, um sich regelmäßig besuchen zu können. Für Bianka war das mit dem Auto kein Problem, die anderen jedoch konnten kein Auto fahren, und mit der Bahn war es mit dem Rollstuhl nicht so einfach. Dadurch wurden die Besuche einseitig, und das gefiel ihr nicht. Es blieb also bei Telefonaten, was ihr zu wenig war.

Ein Urlaub am Wasser tat ihr gut. Sie konnte zwar nicht schwimmen, aber die herrliche Landschaft und die See betrachten. Schon als Kind hielt sie sich gern in der Natur auf und malte alles, was sie dort besonders beeindruckte.

Eines Abends saß sie, wie immer allein, beim Abendessen im Hotel, als sich jemand zu ihr an den Tisch setzte. Es war eine junge Frau in Biankas Alter. Sie sagte: „Ich heiße Sofie, und wer bist Du?"

„Bianka", sagte sie nur.

Sofie redete viel und gern; Bianka hingegen hörte interessiert zu, da sie mißtrauisch war, und nicht gleich zuviel von sich erzählen wollte. Sofie erzählte: „Ich wohne in der Nähe, und gehe hier manchmal essen und du?"

„Ich mache hier Urlaub." Bianka erzählte Sofie, daß sie gern malt und sich an der See besonders gut erholen könnte. „Und was tust du, wenn du nicht hier bist?"

„Ich bin viel mit meinen Freunden unterwegs, und wenn ich zu Hause bin, helfe ich meinen Eltern auf dem Bauernhof, da gibt es immer viel zu tun. Wenn du möchtest, nehme ich dich mal mit", bot ihr Sofie an.

„Ja gern, aber was sagen denn deine Eltern, wenn du mit einer Behinderten zu ihnen kommst", fragte Bianka.

„Das ist doch kein Problem, du bist doch ein Mensch wie jeder andere", stellte Sofie fest.

Bianka war überrascht. Daß jemand sie so „normal" behandelte, war ihr neu. Sie hatte das Gefühl, Sofie meinte es ehrlich mit ihr, blieb aber dennoch vorsichtig. Als sie mit dem Essen fertig waren, sagte Sofie: „Hier unten ist eine gemütliche Bar. Wir können uns dort bei einem guten Tropfen weiter unterhalten."

„Gern, aber ich komme mit meinem Rollstuhl nicht runter, wegen der hohen Stufe", erklärte Bianka.

„Entschuldige bitte, daran habe ich nicht gedacht", sagte Sofie. „Aber draußen im Garten ist eine schöne Sitzecke", schlug sie vor, „bist du einverstanden?" Bianka willigte ein. Es wurde ein schöner Abend, und leicht beschwipst kam Bianka sehr spät ins Bett. Am anderen Morgen nach dem Frühstück wartete sie vor dem Hotel auf Sofie. Es dauerte lange, bis sie herauskam: „Guten Morgen, Bianka, hast du gut geschlafen?"

„Wie ein Murmeltier! Wenn du möchtest, können wir mit meinem Auto zu eurem Bauernhof fahren", schlug Bianka vor. „Du kannst Auto fahren, wie machst du denn das mit dem Einsteigen?" wollte Sofie wissen.

Der Bauernhof lag etwa 10 Kilometer vom Hotel entfernt. „Ich muß nur noch schnell die Hühner füttern", sagte Sofie, „dann können wir zu meinen Eltern gehen. Ich habe ihnen von dir erzählt, und sie sind gespannt auf dich." — „Ich auch", meinte Bianka.

Mit den Eltern von Sofie kam Bianka gut aus. Als sie mit dem Kaffeetrinken fertig waren, fuhren sie wieder zum Hotel, um sich dort im Garten zu unterhalten. Sie erlebten noch ein paar schöne Tage miteinander, gingen ans Wasser, ins Theater oder ins Konzert.

Eines Tages sagte Sofie: „Heute abend ist bei uns im Dorf Disco, kommst du mit; meine Freunde sind auch da." Davor hatte Bianka ein bißchen Angst, aber sie ging trotzdem mit. Tatsächlich vergnügte sie sich mit den anderen; tanzte sogar. Das löste bei Sofie und den anderen Erstaunen aus.

Am nächsten Tag sagte Sofie zu Bianka: „Was ist mit dir, du siehst so traurig aus?"

„Bin ich auch. Ich muß morgen wieder nach Hause fahren, und da bin ich allein. Ich freue mich zwar, daß ich wieder arbeiten gehen kann, aber so einen tollen Urlaub wie mit dir, habe ich noch nie verbracht!"

Sofie tröstete sie: „Wir können doch in Verbindung bleiben, hast du Telefon?"

„Ja", sagte Bianka, und sie tauschten die Telefonnummern aus.

Am anderen Morgen fuhr Bianka traurig nach Hause. Sofie war noch einmal gekommen, um sich von ihr zu verabschieden. Bianka mußte weinen. Auch Sofie wurde schwermütig.

Zuhause angekommen, packte sie ihre Sachen aus und wusch die Urlaubswäsche. Sie wollte sich beschäftigen, um auf andere Gedanken zu kommen. Danach war sie müde und ging schlafen.

Am anderen Morgen wachte sie gut erholt auf und fuhr zur Arbeit. Im Büro machte sie sich gleich an die Arbeit. Sie fühlte sich glücklich und traurig zugleich. In der Mittagspause ließ sie ihren Gedanken freien Lauf. „Warum fragt mich niemand, wie der Urlaub gewesen ist? - Warum interessiert sich niemand für mich? - Hat das wirklich nur mit meiner Behinderung zu tun?" Sie dachte über sich nach: „Warum sagt mir niemand, wenn ich Fehler mache. Die machen wir doch alle mal, niemand ist perfekt; nur bei mir sieht jeder das wahrscheinlich anders."

Jetzt fühlte sie sich wieder einsam, und als Sofie sich nach einem Monat noch immer nicht gemeldet hatte, fing sie an zu zweifeln. War das alles nur Gerede von ihr, vielleicht haben ihre Freunde ihr schon ausgeredet, sich mit ihr abzugeben. Nach der Arbeit besuchte sie ihre Eltern und berichtete von ihrem Urlaub und der Begegnung mit Sofie. Aufmerksam hörten sie ihr zu und freuten sich mit ihr. Ihre Mutter fragte: „Werdet ihr euch besuchen?" - „Ich weiß es nicht, bis jetzt hat sie sich noch nicht wieder gemeldet. Vielleicht will sie das nicht mehr, aber ich würde mich freuen, sie wieder zu sehen", antwortete Bianka.

„Das glaube ich nicht, warum hätte sie sich dann mit dir so beschäftigen sollen? Versuch doch einmal, nicht so ungeduldig zu sein!

Außerdem kannst du dich doch auch bei ihr melden", meinte Regina.

„Das möchte ich nicht, weil ich nicht weiß, ob ihr das recht ist. Ich möchte mich nicht aufdrängen", gab Bianka zu.

„Meinst du denn, daß sie das so empfindet, wenn du dich einfach nur nach ihr erkundigst?" fragte die Mutter. „Vielleicht, ich weiß nicht", sagte Bianka. „Ich habe Angst, etwas falsch zu machen", fügte sie hinzu.

„Das mußt du nicht, Sofie freut sich doch bestimmt, wenn du sie anrufst", versuchte Regina zu beruhigen.

Das Zureden der Mutter half nichts. Bianka wartete ab. Das Warten war nicht vergeblich, denn eines Abends kam der Anruf, auf den sie so lange gewartet hatte: „Hallo Bianka, hier ist Sofie, entschuldige bitte, daß ich mich erst jetzt bei dir melde, aber ich hatte so viel zu tun".

„Macht nichts. Ich freue mich über deinen Anruf", sagte Bianka. Sie war froh, daß sie all' ihre Bedenken vergessen konnte. Sie telefonierten noch eine Weile und verabredeten sich für das kommende Wochenende bei Bianka. In Gedanken bereitete Bianka schon das Wochenende vor. Sie wollte mit Sofie ins Museum gehen und etwas schönes kochen würde sie.

Sie freute sich, daß da jemand war, den es interessierte, was sie tat. Fröhlich gestimmt ging sie schlafen. Das Wochenende konnte sie kaum erwarten. Endlich war es soweit, und Sofie kam. Noch müde von der langen Bahnfahrt, wollte sie gleich in der Küche helfen.

„Ich mach das schon, ruh du dich erst mal aus, außerdem möchte ich das allein schaffen, denn ich habe noch nie für jemanden gekocht."

„Ist gut", sagte Sofie verständnisvoll.

Das Essen schmeckte toll. Bianka hatte chinesisch gekocht. Sofie lobte Biankas Kochkünste und haute tüchtig rein. „Schmeckt lecker", sagte sie, „wo hast du das gelernt?"

„Im Internat. Ich probiere sehr viel aus; es freut mich, wenn es dir schmeckt", erwiderte Bianka.

Satt und zufrieden gingen sie schlafen. Am nächsten Morgen machten sie sich nach dem Frühstück auf dem Balkon zu einem Einkaufsbummel auf den Weg in die Stadt. Anschließend besichtigten sie das Heimatmuseum. Zum Abendessen gingen sie in eine Gaststätte.

Am Sonntag fuhr Sofie wieder nach Hause. Von nun an besuchten sie sich regelmäßig, und es entwickelte sich eine tiefe und innige Freundschaft zwischen den beiden. Das kannte Bianka noch nicht. Sie hatte zwar Freunde im Internat, aber eine „richtige Freundin" war nie dabei. Sie konnten über alles sprechen, und jeder war für den anderen da. Seitdem fühlte Bianka sich nicht mehr einsam. Sie wußte, wenn sie ein Problem haben würde, könnte sie damit zu ihren Eltern und zu Sofie gehen.

Ihren nächsten Urlaub würde sie wieder mit Sofie verbringen, das wußte sie jetzt schon. Bis dahin jedoch mußte sie noch lange warten. Aber das machte nichts, denn es gab ja immer noch das Telefon, und schreiben konnten sie sich auch. An einem trüben Nachmittag im Winter, als Bianka wie immer von der Arbeit nach Hause gehen wollte, geschah etwas Schreckliches.

Als sie an der Ampel stehen blieb, um auf Grün zu warten, sah sie eine Gruppe Jugendlicher auf sich zukommen und bekam Angst, weil die so ungepflegt aussahen. „Hoffentlich greifen die mich nicht an", dachte sie. Sie hatte den Gedanken kaum zu Ende gedacht, als es schon passierte. Sie wurde aus dem Rollstuhl gezerrt, geschlagen und ausgeraubt. Sie versuchte, sich zu verteidigen. Das gelang ihr aber nicht, dazu fehlte ihr die Kraft. Als die Täter bekommen hatten, was sie wollten, verschwanden sie. Ein Passant hatte das Geschehen beobachtet und holte einen Krankenwagen.

Bianka wurde mit Prellungen und inneren Verletzungen ins Krankenhaus eingeliefert. Sie konnte nicht fassen, was ihr widerfahren war. Noch am selben Abend kamen die Eltern zu Besuch. Voller Aufregung stellte die Mutter fest: „Kind, du siehst ja furchtbar aus!"

Bianka versuchte, ihnen das Unglück zu schildern, was sie wegen der Schmerzen sehr anstrengte. Der Vater gab gleich die Anzeige auf, das ersparte ihr den Weg zur Polizei. Am nächsten Morgen kam ein junger Pfleger und brachte ihr das Frühstück. Er gefiel ihr. „Ob der das merkt?" fragte sie sich.

„Guten Morgen, darf ich ihnen helfen?" fragte der Pfleger. Noch ganz in Gedanken versunken erwiderte sie: „Wie bitte?"

Er wiederholte seine Frage noch einmal. „Ach so, nein danke, ich komme schon allein zurecht", sagte sie. Beim Essen träumte sie davon, wie schön es wäre, mit diesem Mann zusammen zu sein. Aber sie glaubte nicht daran, daß es einen Mann gäbe, der mit einer behinderten Frau zusammen leben will.

Sie freute sich immer, wenn er kam. Eines Tages fragte sie ihn: „Gibt es hier irgendwo ein Telefon?" - „Ja", sagte er, „Sie können eins mieten. Wenn es ihnen recht ist, kümmere ich mich für sie darum." - „Das ist nett von Ihnen", bedankte sich Bianka.

Am Abend rief sie ihre Freundin Sofie an und erzählte ihr alles mögliche, auch das sie sich verliebt hatte. Das wurde ihr erst jetzt klar, denn es war das erste mal, daß sie so empfand. „Ich weiß nicht, was ich machen soll", sprach Bianka weiter.

„Sag ihm doch einfach, was los ist", empfahl Sofie. - „Das kann ich nicht, ich habe Angst davor, wie er reagieren wird, ich möchte auch nicht, daß dann alles vorbei ist", meinte sie.

„Du hast doch nichts zu verlieren und wenn du mit ihm gesprochen hast, weißt du wenigstens, woran du bist", ermutigte sie die Freundin. „Ich werde es mir einmal durch den Kopf gehen lassen, vielleicht hast du recht. Vielen Dank für deinen Rat", entgegnete Bianka und machte sich einen Plan …

Rolf Gutsche

Rosemarie Schnarke

Die Bank

Ich sitze auf der Gartenbank.
Die Zeit wird ziemlich lang.
Mal saß ich auf der Schule Bank,
da war mir weh' und bang.

Ich brauche Geld und muß zur Bank.
Dort ist die Schlange lang.
Nun sitz ich wieder auf der Bank.
Natürlich auf der Bank der Bank.

Die Zeit wird wieder elend lang,
drum überfall' ich jetzt die Bank.
Dann beicht' ich auf der Kirchenbank
und das wird
der Skandal der Bank.

Der Texter

Der Texter textet einen Text.
Weil es dem Texter Freude bereitet.
Oft vertextet er sich beim Texten und muß den Text,
den er texten wollte, noch einmal texten.
Es ist verhext, weil der Text, den der Texter texten will,
einfach nicht gelingt.
Der Texter nimmt eine Textbearbeitung vor.
Er vertextet sich wieder und wieder.
Der Texter ist verhext, drum textet er verhexte Texte.
Morgen textet der verhexte Texter keinen
verhexten Text,
weil der Texter hofft,
daß er einen Text texten kann, den er texten will.

MIEF

Ich gehe die Babelsberger Einkaufsstraße entlang.
Es muffelt.
Entdecke,
daß Bürger kein Zielwasser getrunken haben.
Abfälle liegen neben den Papierkörben.
Die neugestaltete Grünanlage gleicht einer Müllhalde.
Ein Glück:
nur Hunde lassen ihren Kot fallen ...

WENN ICH DIR SAG
Ich liebe Dich,
Lüge ich.
Liebe ist ein breiter Strom.
Ist Gemeinschaft mit anderen.

ICH SCHWIMME durch das Leben,
Fühle ich.
Und alles schwimmt an mir vorbei.
Von unbekannter Kraft getrieben.
Oder von meinem Willen?
Nein.
Von GOTT? Ist ER der Wille?
So frage ich mich.
Unwirklich wird mir alles.
Ich grüble – sagt man mir.
Ich weiß nicht, was ich will.
Ja. Denn
Ich fühle mich bedroht.
Mir ist, als ob ich falle.
Und lebe außerhalb des Lebens.

Zeit

Ein Traum,
Der kommt und vergeht.
Kein Gegenstand,
Nach dem ich greifen kann.
Kommende Zeit kann ich planen.
Sie ist ungewiß. Kann mir entgleiten.
Vergangene Zeit
Halte ich in der Erinnerung fest.

Hoffen ist schön.
Hoffen auf das, was ich mir wünsche.
Aber geduldig muß ich
schwimmen durch ein Meer.
Am Horizont: ein Ziel.
Ewig muß ich schwimmen
Durchs Meer der Hoffnung.

Mitmenschliches

Gehe einkaufen,
Meine Blase drückt.
Gegenüber ist der Stadtbahnhof
Mit Toiletten.
Gehe rein, komme wieder raus,
Will mein Pinkeln bezahlen.
Kriege vom Pächter zu hören
Haste ausgeschlafen?

Kost'ne Mark.
Das Geld fällt mir zu Boden.
Schmeißte immer dein Geld weg?
Gib die Mark her.
Er hört mir nicht zu,
Behandelt mich wie ein kleines Kind.
Sein Tagesverdienst ist vielleicht
Fetter als mein Monatslohn.
Bußgeld hätte *ich* verlangen sollen.

ELTERN haben keine Zeit
Kinder sind sich selbst überlassen
wachsen zu kleinen Mördern heran

ELEKTROROLLSTUHLFAHREN ist nicht leicht.
Besonders für K.,
Die ihre Bewegungen nicht steuern kann.
Paß doch auf!
Du eckst ja an!
Fährst den Rolli kaputt!
Ich schüttle den Kopf.
Ob Angehörige,
Ob Freund,
Ob Fremde,
Selbst Menschen im Rollstuhl:
Sie urteilen gern
Und schnell,
Machen sich wichtig,
Sind blind.

ROLF GUTSCHE

Meine kranke Geschichte

Ich breche mir den Fuß und rufe einen Transport,
der krank ist.
Er ist deshalb krank, weil er ein kranker Transport ist.

Ein freundlicher kranker Träger hilft mir in den
kranken Transportwagen hinein. Wir fahren eine weite
Strecke in das große kranke Haus am Fluß.
Beim Aussteigen laufen an mir zwei Schwestern vorbei,
die sind zwar kranke Schwestern, sehen aber sehr
hübsch aus.
Ich muß mich bei der sehr kranken Leitung des Hauses
anmelden. Die Leitung ist deshalb so krank, weil
sie als kranke Leitung 30 Minuten lang prüfen muß,
ob der Kranke krank ist. Als kranke Leitung des
Hauses muß sie feststellen, ob oder ob nicht der
Kranke richtig versichert ist. Danach und nach
anderen kranken Sachen wird er befragt und muß der
kranken Befragerin Auskunft geben.
Wenn er alle Fragen beantwortet hat, darf er sich
bei der kranken Schwester oder bei dem kranken
Pfleger melden.
Dann wird er ins Zimmer der Kranken gebracht.
Hier liegen weitere Kranke in ihren kranken Betten.
Kranke Tische stehen daneben, und kranke Stühle
stehen neben den kranken Betten, in denen Kranke
krank liegen.
Die kranke Hausluft kann ich deutlich riechen.
Ich liege jetzt also in meinem kranken Bett.
Der kranke Aufenthalt im kranken Haus ist mir
langweilig. Aber ich erfahre, daß Kranke wenig
Geld bekommen. Und daß die kranke Versicherung
krank und immer kränker wird. Das ist so, weil das
Sparen krank macht. Und die kranke Kasse bekommt

ja nur krankes Geld. Deshalb tut sie sich schwer,
Kranke zu versichern.
Ich muß jetzt die kranke Kost des Hauses essen.
Die kranke Mittagskost hängt mir zum Halse raus.
Ich fürchte ernsthaft, daß ich in dieser kranken
Anstalt unter so viel mitkranken Leuten, kranken
Pflegern und kranken Schwestern richtig krank werde.

Warum ist das denn so?
Mann! Hier ist *alles* krank!

Ich bin wild auf Dich!

Ich bin wild auf meine Stadt!
Ich bin wild auf meine Arbeit!
Ich weiß manchmal nicht
Worauf ich am wildesten bin?!

Einsames Kind

Vater müde von der Arbeit,
Das Kind acht Jahre.
Hat einen Computer bekommen,
Mutter fährt es zur Schule
Und zum Klavierunterricht.
Sonst wenig Zeit mit dem Kind zu reden.
Es hat keine Freunde;
Seine Einsamkeit wird vor der Umwelt verschleiert.

Warum?

Er wird mit seiner Situation nicht fertig,	—	Warum?
Wird manchmal agressiv,	—	Warum?
Ist mißtrauisch geworden,	—	Warum?
Darf sich keine Fehlentscheidung leisten.	—	Warum?

Die anderen haben auch oft Fehler gemacht!

Haben ihn als Verbrecher behandelt,	—	Warum?
Haben ihn nicht verstehen wollen,	—	Warum?
Haben wie so oft nicht nach Gründen gefragt.	—	Warum?

Knobi-Baguette

Nach einem langen Tag
Gehe ich oft
In meine Lieblingskneipe
Gleis 6.
Sie ist originell:
Alte Koffer,
Abgewetzte Reichsbahn-Sitze,
Die berühmten Schilder
Aus alten Zeiten.
Bestelle ein Bier
Und Knobi-Baguette.
Bin allein,
Halte Rückschau
Auf den Tag.
Manchmal entsteht dort
Ein Gedicht.

Chaos

Er sitzt bequem im Auto.
Will das Ziel schnell erreichen. Aber da steht er plötzlich im Stau.
Was nun?

Er sitzt noch bequem im Auto.
Will das Ziel schnell erreichen.

Zehn Minuten schon im Stau.

Mit dem Fahrrad fährt er zehn Minuten.
Was nun?
Er sitzt noch bequem im Auto.
Wollte sein Ziel schnell erreichen.
Zwanzig Minuten schon im Stau.
Atmet Abgase ein. Und dazu die Hitze.
Was nun?
Er sitzt bequem im Auto.
Wollte das Ziel schnell erreichen.
Dreißig Minuten im Stau.
Ihm ist übel.
Bäume sind grau.
Was nun?

Er schläft geschafft im Auto.
Wollte das Ziel schnell erreichen.
Vierzig Minuten im Stau.
Sie hupen im Konzert.
Es gibt einen Knall.
Der Wald brennt.
Und was nun?

ROLF GUTSCHE

Der Nachbar

In den letzten drei Wochen habe ich mit meiner Freundin Urlaub gemacht. In der Lüneburger Heide.

Am Tag vor unserer Abreise bekomme ich Kopfschmerzen, sehne mich nach meinem Bett. Die Rückfahrt strengt mich an. Am nächsten Morgen, im Wohnheim, ist das rechte Auge geschwollen. Ich gehe zu meiner HNO-Ärztin. Sie spült die Nase. Ein heftiger Schnupfen stellt sich ein. Ich muß Dampfbäder machen. In unserem Urlaubszimmer war die Luft extrem trocken gewesen – schon dort bekam ich schwer Atemluft durch die Nase. Die Dampfbäder helfen nicht. Jetzt schwillt auch noch das Auge zu.

Ich muß ins Krankenhaus; es ist Freitag nachmittag.

Auf der C 8 der Klinik wird meine Nase durchgestochen. Es knirscht beim Durchstich. Dem Pfleger wird übel. Wir fahren ins Oberlinhaus zurück.

Ade Hoffnung, daß die Schwellung zurückgeht! Am nächsten Tag muß der Pfleger mit mir wieder ins Krankenhaus fahren. Dieses Mal behält man mich nach der Untersuchung vorsichtshalber dort.

Ich komme auf ein Dreibettzimmer. Murmle so etwas wie einen Gruß, lege mich ins Bett und tauche hin und wieder im Schlaf unter. Ich höre, wie eine Altmännerstimme in meiner Nähe herumbrummelt: „Ausgerechnet so einen müssen sie mir hier reinlegen!" Ich höre das, bin über die Worte aber nicht erstaunt. Ich schweige. Als Sprachbehinderter habe ich Hemmungen, mich zu verteidigen.

Vom Flur her höre ich ein Gespräch:
– Lilo, wir ham' heute einen Spastiker reinbekommen. Der braucht Hilfe.
– Wieso?
– Na, beim Essen und beim Inhalieren.
– Und – muß ich daneben stehn?
– Klar! Wer weiß, was da passieren kann!
– Mensch! Auch das noch!

Mein Zimmergenosse ist ein etwa siebzigjähriger Mann. Ich bin gerade dabei, wieder einzuschlafen, als es leise klopft. Herein kommt eine sympathische, ältere Frau, grüßt freundlich nach mir hin und setzt sich zu ihrem Mann ans Bett. Sie sprechen leise. Dann wendet sich die Frau mir zu und sagt:

– Wir heißen Gerber. Mein Mann hat Krebs. Und nach einer kleinen Pause: Vor drei Jahren hat sich am Ohr ein Knoten gebildet. Unser Hausarzt hat das verharmlost. Es ist immer schlimmer geworden. Wir haben den Arzt gewechselt. Der hat sofort eine Chemotherapie angeordnet.
Geholfen hat das nicht.
Ich stelle behutsam ein paar Fragen an die Frau und erfahre, daß ihr Mann jetzt kaum essen kann und schwer Luft bekommt.

Wir schweigen eine Weile, dann wendet sich die Frau mir zu und fragt mich nach meinen Lebensumständen. Ich erzähle langsam, wer ich bin, woher ich komme, was ich arbeite, und daß ich Gedichte schreibe. Die Frau schüttelt verwundert den Kopf, überrascht ... Ob ich vielleicht einige Gedichte hier hätte? Das nicht, aber ich verspreche, die Anthologie, in der meine Gedichte erschienen sind, bringen zu lassen. Als sie geht, streicht sie mir zart über die Hand und wünscht meiner schlimmen Nase bessere Zeiten ...

Fünf Tage später wird Gerber operiert. Ein Luftröhrenschnitt wird gemacht und eine Kanüle eingesetzt.

Die folgende Nacht ist sehr unruhig. Ich schlafe kaum.

Am Vorabend habe ich auf Wunsch der Eheleute Gerbers Stimme aufgenommen. Sie hatten Angst, er könne nach der Operation kaum noch sprechen.

Zum Dank dafür habe ich eine Kassette von einem amerikanischen Glockenchor bekommen – die musikalische Frau Gerber singt selbst im Caputher Glockenchor.

Die letzten Tage haben mich sehr nachdenklich gemacht. Gerber hat sein Leben fast hinter sich. Hat er verdient, jetzt noch so schwer krank zu werden? Ich bin nicht krank. Aber ich entgehe dunklen Stunden nicht. Bin durch meine Behinderung nur eingeschränkt. Ich habe lernen müssen und habe auch gelernt, mein Leben sinnvoll einzurichten ...

Vier Wochen später, am dritten Advent, werde ich von Gerbers zum Kaffee eingeladen. Der Gastgeber sieht blaß und leidend aus, hält bei der Begrüßung meine Hand lange fest. Frau Gerber umsorgt mich wie einen Freund des Hauses und erzählt, daß ihr Mann in der letzten Zeit häufig von mir gesprochen habe. Sie seien beide froh, mir begegnet zu sein. Wir sehen uns ein Video vom Weihnachts-Singen in der Caputher Kirche an.

Ich solle mal wiederkommen, sagt Gerber beim Abschied leise.

Im Januar habe ich die Traueranzeige bekommen. Er hat nicht mehr lange leiden müssen.

Sprüche

1. Die tiefen Temperaturen im Winter '96/97 haben den Medien ein warmes Herz gegeben. Erschütternd haben sie berichtet, daß im reichen Deutschland Menschen erfroren sind.
2. Manche Menschen glauben nicht an Gott. Aber sie benutzen Gott, um ihre Interessen durchzusetzen.
3. Du darfst morden. Du darfst stehlen. Eines Tages tobt ein Bürgerkrieg vor deiner Tür.
   Die Regierung wacht dann zu spät auf.
4. Wer sein Selbstvertrauen verliert,
   kann anderen schlecht vertrauen.
5. Es ist wie es ist.
   Ich verändere mit Hoffnung,
   was ich verändern kann.
6. Man sagt: Arbeit macht Freude.
   Aber Freude hat man nicht immer.
7. Die Krankenschwester wird für die Krankenpflege bezahlt. Aber nicht für die Seelsorge.
8. Es gibt zuviel Verkehrstote.
   Vielleicht haben die übereiligen Kraftfahrer
   die Überbevölkerung der Welt im Unterbewußtsein.
9. Ich schreibe als Frostbeule an das Sozialamt einen Antrag auf Beihilfe für Kleidung. Mir wird mitgeteilt, daß eine Strickjacke nicht lebensnotwendig ist.
   Lebensnotwendig sind wohl nur unsere neuen Großbauten, die Millionen verschlingen.

10. Bei den Politikern sind erste Anzeichen von
    BSE zu erkennen.
    Denn sie wissen nicht, was sie machen sollen.
    Oder wissen sie es doch?
    Unschuldige Lämmer werden notgeschlachtet.
11. Potsdam ist eine Stadt, die mehr als andere Städte
    ihr Theater *liebt*.
    An Theatervarianten wird aus *Liebe* kein Pfennig
    gespart.

Alt und Jung

Zu Otto hat Erna gesagt, er sei ein alter Hund.
Er ist 21 Jahre alt und ist ein junger Mensch.
Er ist deshalb ein alter Hund,
weil er kein junges Gemüse mag,
das sie gestern gekauft hat.

Eigentlich ist es nur einen Tag alt.

Ob alte Hunde junges Gemüse fressen, ist noch die Frage.
Außerdem müssen Hunde nicht alt sein, um junges oder
altes Gemüse zu fressen.

Otto sagt, daß seine Alte spinnt.

Sie ist aber keine Spinne, sondern 21 Jahre alt und sieht
jung und hübsch aus.

Alte Hunde können Junge bekommen.

Erna bekommt ein Kind.

Wahrscheinlich einen Jungen,
zu dem man eines Tages sagen wird:
„Na, du alter Junge!"

Wenn sie sich über alte Hunde und junges Gemüse
streiten, dann sieht ihre junge Liebe alt aus.

Gerda Ziebell

Heidrun Hahne

GÄNSEBLÜMCHENGESCHICHTE

Die Freude war groß. Edith kam, sie brachte mir als Geschenk ein Buch von Heinrich Heine mit. Eine Gesamtausgabe aus dem Jahre 1899. Es hat einen jägergrünen Einband, darauf steht in goldenen Lettern HEINRICH HEINE.

Im Buch liegen Gänseblümchen, Vergißmeinnicht und Wiesenprimeln, die gepreßt werden. Manchmal sehe ich nach, ob den Wiesenpflanzen die unsanfte Behandlung bekommt.

Heines Verse erzählen von Lindenblüten, von Rosen und Lilien, von Sonnenstrahlen und der Nachtigall.

Das gefällt meinen Blumen, die eine weite Reise hinter sich haben. Sie begann an einem kühlen Aprilmorgen.

Die Blümchen wurden in einem Garten in der Lüneburger Heide gepflückt. Wohlverwahrt lagen sie im Auto, das zu einem kleinen Bahnhof fuhr. Hier wartete ich auf den Zug, der mich nach Hamburg bringen sollte.

Typisch Frau! Als ich das kleine Geschenk bekam, dachte ich: – so ein verrückter Kerl – und freute mich. Nach dem Abschied kam das Sträußchen in die Außenseite meiner Handtasche. Erst im ICE wurde es erlöst, es sah wieder den hellen Tag.

Ein Glück, nach einigen Minuten kam eine freundliche Serviererin und bot mir den so geliebten Kaffee an. Ich benötige immer viel Zeit, um die braune Kostbarkeit zu genießen. Jetzt trank ich ihn sehr hastig. Der leere Kaffeetopf war die Rettung für meine durstigen Wiesenpflanzen. Er wurde zweckentfremdet und mit Wasser gefüllt. Das holte ich aus dem WC des Zugabteils. Jetzt schwammen die Pflanzen in frischem Naß.

In dem großen Gefäß fühlten sie sich wohl. Es passierte gar nichts. Kein einziges Wassertröpfchen schwappte während der Fahrt über. Das lag an der flotten Art des Zuges, über die Schienen zu gleiten.

In meinem Abteil saß ich ganz allein und schrieb. So verging die Zeit sehr schnell. In Wannsee konnte ich aussteigen, dort wartete der Bus. Meinen „Abschiedsgruß" habe ich in ein angefeuchtetes Taschentuch getan. Zu Hause angekommen, kümmerte ich mich zuerst um meine Blumenkinder. Das Gänseblümchen hatte noch Wurzeln, deshalb kam es zuerst in den Blumenkasten auf den Balkon. Die Vergißmeinnicht und die Primeln stellte ich in eine Vase. Am nächsten Morgen gab es eine Überraschung.

Mein Gänseblümchen hatte in der Nacht ein Kind zur Welt gebracht.

In meiner Schrankwand stehen viele Dinge, die ich mag. Deshalb tragen sie alle einen Namen. Sie erinnern mich an liebe Menschen oder an wunderschöne Erlebnisse. Da gibt es Olga, Kolli, Janko und Nina. Die Kleine, die in luftiger Höhe ihren Hunger nach Sonnenschein stillt, heißt „Sternchen". Der künftige Hals des Sternchens war so groß wie ein Komma, es war noch farblos. Die Knospe war kleiner als ein Stecknadelkopf. Das Rot der künftigen Blütenspitzen war aber schon sichtbar. Nach etwa zehn Tagen geschah etwas Trauriges. Ich mußte die Mutter vom Kind trennen. Sie sollte in einem ansehnlichen Zustand gepreßt werden. Jetzt war nur noch das Sternchen im Blumenkasten. An die Freunde, die ihr zur Seite standen, hatte sie sich gewöhnt. Die großen Petunien waren farbenfroh und wurden ebenso gehegt und gepflegt. Tage sind vergangen ...

Jetzt träumt mein Sternchen davon, recht groß zu werden. So groß, daß es über den Rand des Balkonkastens sehen kann. Es möchte so gerne die unbekannte, große, schöne Stadt sehen.

Diese Stadt ist die Heimat des Mannes, der mir das Sträußchen zum Abschied schenkte.

Im Herbst wird irgendwo in meinem Zimmer ein Bild mit gepreßten Blumen stehen.

Er ist's

Mörike sprach vom Frühling,
seine Verse erfreuen mich.
Ich liebe auch zarte Blüten
und die Wärme der Sonne.
Doch vor allem liebe ich Dich.

Im Kuhstall

Ein Giraffenmann und 'ne Kuh
werden gekreuzt.
Der Melker hat sich
mächtig geschneuzt.
Bald kamen die Kinder,
riesige Mädchen und Knaben.
Jetzt muß er zum Melken
'nen Barhocker haben.

Für einen Freund

Ein gutes Buch und Musik, die
ich mag,
sind Werte in meinem Leben.
Doch das Wertvollste ist ein
Freund,
er kann viel geben.
Das richtige Wort –
Zur richtigen Zeit!
Das ist Wärme.
Das ist Geborgenheit!
Das ist wie ein Wintertag,
an dem's Kirschblüten schneit.

KLARA

Die Eltern nannten sie Klara,
doch als sie achtzehn Jahr war,
da nannte sie sich Claire.
Das war dumm und auch nicht fair.
Ihr Freund, ein loser Bube,
den rief man Günter Grube.
Beim Schnaps in guter Stube
hieß nun die Braut Claire Grube.

Es hatte Glück, das gute Kind,
daß Namen stets geruchlos sind.

FREUNDSCHAFT

Miteinander reden –
Miteinander schweigen –
Miteinander träumen –
Reden mit Sinn und Verstand.
Schweigen, um zu genießen.
Träumen, von den Schönheiten
des Lebens.
Es gibt sie auch heute.
Man findet sie, wenn man
mit den Augen und mit dem
Herzen sieht.

Fünf Minuten Freude

Potsdam zog im Juni '95 sein schönstes Kleid an.

Die Sonnenstrahlen schmückten täglich die Stadt. Das stimmte die Menschen froh. Bei schönem Wetter sind sie ausgeglichener und immer freundlich. Das alles war mir angenehm, denn Besuch war angesagt.

Der Gast, den ich erwartete, wurde in Nowawes geboren. Er wohnte mit seinen Eltern und Geschwistern in Babelsberg in der Wilhelmstraße.

Irgendwann ist er mir begegnet, er war der Bruder meiner Freundin. Diese Bekanntschaft ermutigte mich, einen Satz in mein Tagebuch zu schreiben. Es war die erste Hymne an die Männerwelt. Ich war 15 Jahre.

Jetzt hat er in der Lüneburger Heide sein Zuhause. Nach vielen Jahren besucht er den Ort seiner Kindheit und Jugendzeit.

Er kam und wir erlebten viel Schönes: da war der Besuch der Pfaueninsel, ein Theater- und Zoobesuch in Berlin, ein Spaziergang in Sanssouci und ein Kaffeeplausch mit zwei seiner ehemaligen Mitschülerinnen.

An einem Vormittag waren wir am Platz der Einheit. Auf unserem Plan stand die Besichtigung der Galerien. Gerhard malt und zeichnet, er spielt Akkordeon und Geige. Die Kunst – das ist seine Welt. In der Nähe der Charlottenstraße erlebten wir etwas, das uns sehr bewegte. Die Freundlichkeit beherrschte die Szene. Sie verdrängte Gedanken über das Warum von Heimatlosigkeit und Armut in unserer Zeit.

Da stand ein Musikant am Straßenrand, er war ungewöhnlich klein. Seine Kleidung war einfach, aber sauber. Die Augen des Mannes hatten einen besonderen Glanz, sie leuchteten, wenn er spielte. Er besaß ein Instrument, das einer Geige ähnlich war. Was er musizierte, so erfuhr ich später, waren Klänge aus seiner Heimat.

Gerhard nahm ihm mit einer raschen Bewegung die Geige ab und drückte ihm ein Geldstück in die Hand.

Nun spielte er und sang in der Sprache der Ungarn. Nach der Begegnung sagte er mir, daß er im Krieg dort war und die Sprache ein wenig konnte.

Die Saiten des Instrumentes quietschten fürchterlich, aber das war nicht wichtig.

Meine Person war in diesem Moment nicht gefragt. Doch der Satz, den ich sagte, ließ die Augen des Geigers wieder leuchten. Man sah die Freude, als er hörte, daß ich sein Land, vor allem aber Budapest, kenne.

Die beiden Männer waren so verschieden, aber etwas hatten sie gemeinsam: Sie liebten ihre Heimat und die Musik.

Meine Achtung gilt jenen Frauen und Männern, die sich in der kalten Welt von heute die Wärme, das „Menschlichsein" bewahrt haben.

Mona Lisa

Es bedarf keiner Worte,
ihr Lächeln sagt's klar,
es streichelt die Seele,
wie wunderbar.
Wenn mich ihre sprechenden
Augen ansehen,
dann weiß ich:
das Leben ist schön!

Der fliegende Weihnachtsbaum

Wie die Zeit vergeht, schon 12 Jahre wohne ich in Babelsberg „Am Stern". Es ist Dezember, bald ist Weihnachten.

Noch nie hatte ich einen Baum zu den Festtagen. Ein großer Strauß aus Tannengrün war stets der Schmuck in meiner Wohnung.

Am 24. Dezember komme ich aus der Sternhalle. Der Verkauf der Christbäume findet fast vor meiner Haustür statt. Zur Mittagszeit ist kein Käufer da. Ein älterer Herr bietet mir eine Nordman-Tanne an. Klein, aber fein. Sie soll ganze fünf Mark kosten. „Der Mann ist froh, wenn er heute seine Ware los wird", so denke ich. Ich kaufe das Bäumchen. Mit Sorgfalt ziehe ich dem guten Stück ein Festkleid an. Die Farben, Zartlila und blasses Silber stehen ihm gut. Die Feiertage sind schnell vorbei. Doch mein kleiner grüner Freund aus dem Walde steht und steht und verliert noch nicht eine Nadel. Mitte Januar bekommt er einen Platz auf dem Balkon.

Die frische Luft bekommt ihm gut. An seinen Anblick habe ich mich gewöhnt. Noch Anfang Februar steht er da. Meine Freundin Edith rät mir, „Ostern Eier ranzuhängen, aber schöne bunte." So ist das nun: Ratschläge für die dekorative Gestaltung eines Weihnachtssymbols zum Osterfest am Telefon aus der Lüneburger Heide.

Meine Nichte Simone besucht mich mit ihrer Tochter. Jenny verziert den Baum mit künstlichen Azaleenblüten. Er sieht ungewöhnlich aus, doch die frische Farbe macht ihn sehr ansehnlich. In einer Februarnacht pustet kräftig der Wind. Am nächsten Morgen ist die Blütenpracht herabgeweht. Der Abschied naht. Ich werfe ihn in hohem Bogen auf die Straße. Wie ein Fallschirm gleitet er sanft aus der Höhe. Immerhin, ich wohne im fünften Stock. Dabei hatte ich das Gefühl, daß ich etwas Unrechtes tue.

Wenn das Flugobjekt im Geäst der Birke landet, die vor dem Haus steht? Doch der Baum fliegt gemächlich mit der Leichtigkeit einer Feder. Ich bin ein wenig enttäuscht, kein Mensch sieht diesen tollen Flug. Schnell gehe ich auf die Straße und möchte ihn in sein Containergrab befördern. Aber wo ist er? Er ist nicht da. Er ist weg, einfach weg. Keiner kann ihn verbrennen, am Stern gibt es nur die Fernheizung. Einfrieren kann man ihn auch nicht. Erst recht nicht einpflanzen, er hat keine Wurzeln. Wo ist er? Ach, was — 1997 gibt es wieder einen 24. Dezember – und wieder einen Baum.

GERDA ZIEBELL

Der glückliche Mann

Lippen, die Hoffnung wecken.
Augen, die lustig necken.
Sie sah aus, wie eine Fee,
doch wenn sie redete,
war alles Schnee.
Was sollte er machen,
der arme Mann?
Er lacht sich eine andre
an.
Lippen, die luden ein,
Augen, wie Sonnenschein.
Doch die hatte, ach, oh,
Wunder,
'nen falschen Busen,
alles war Plunder.

Was sollte er machen ...
Lippen, wie ein Strich.
Augen, die sahen dich nicht.
Sie blickte immer an
die falsche Seite –
so 'ne Pleite.

Was sollte er machen ...
Lippen, normal,
Augenfarbe egal,
was sie sagte, hatte
Hand und Fuß.
Aus – Schluß – Kuß!

Was machte da der glückliche Mann?
Er vermählte sich geschwind.
Doch bekanntlich macht
Heiraten nicht blind.

Anne und Jan

Im Frühling des Jahres 1992 besuchte ich mit meiner Freundin den Keukenhof in Holland. In der Nacht hatte es geregnet, das gab der Luft eine besondere Frische. Es verstärkte auch den Duft der Blumenpracht. Da hörten wir aus der Ferne ein Glockenspiel, es war die Melodie der „Tulpen aus Amsterdam".

Plötzlich war ich mit meinen Gedanken nicht in Amsterdam, sondern in Potsdam und dachte an Anne und Jan.

1945.

Zu Beginn des Jahres glaubte ich, daß es die Liebe und die Freude in unserem Land nicht mehr gäbe.

Mit 16 Jahren war ich eigentlich noch ein Kind. Das Leben nahm keine Rücksicht auf das Alter der Menschen. Not, Sorgen und Angst bestimmten die Tage und Nächte. Vor allem die Nächte!

In der Dunkelheit war die Angst noch stärker. Eine Macht, gegen die man sich nicht wehren konnte. Die Sirenen heulten sechs-siebenmal in 24 Stunden. Sie kündigten die Bombengeschwader an und forderten die Potsdamer auf, in die Luftschutzkeller zu gehen.

Die Frauen waren schlimm dran. Sie arbeiteten in Berufen, die sie körperlich überforderten. Die Geschäfte waren leer. Nur das Nötigste wurde auf Lebensmittelkarten verkauft. Kinder schworen sich, ihr Leben lang auf Bonbons zu verzichten, wenn nur der Krieg ein Ende hätte.

Vor der Postbotin fürchteten sich die Menschen. Sie brachte von der Front eine schlimme Nachricht nach der anderen. Das Leben hatte seinen Sinn verloren. Christen sagten sich am Tage von Gott los, weil sie die Hölle auf Erden erlebten. In der Nacht beteten sie, wenn die Angst vor dem Sterben sie hilflos machte.

Der Zeit zum Trotz gab es die Liebe!

Die Deutsche Anne Krüger bekam von dem Holländer Jan ten Velle einen Ring geschenkt.

Beide arbeiteten in einem Büro des Arado-Flugzeugwerkes.

Als Lehrling war ich kurze Zeit in ihrer Nähe. Anne war jung und schön. Sie hatte keine Maske als Gesicht, ihre Schönheit lebte. Durch ihren Stolz, durch ihr Selbstbewußtsein, erreichte sie, daß die Kollegen sie achteten. Vor allem bewunderten sie, daß sie sich zu Jan bekannte.

Sie waren beide kein Paar, das laut herumturtelte. Im Betrieb sprachen sie wenig miteinander. Sie unterhielten sich nur mit den Augen, denn 1945 war die Beziehung einer deutschen Frau mit einem Ausländer ein Verbrechen.

Anne und Jan hatten Glück, keiner nahm Anstoß an ihrer Zweisamkeit, wofür es Gründe gab.

Der Chef des Büros, Herr Hartmann, mochte seine junge Kollegin. Er sah über ihre Bindung zu dem Holländer hinweg und fühlte sich wohl in der Rolle des Kavaliers, der einer schönen Frau nichts Böses antun kann.

In den Büros war das Verhältnis zu den Ausländern entspannter, man hatte sich an sie gewöhnt.

Dagegen ging es in den riesigen Werkhallen oft brutal zu. Hier arbeiteten Russen und Polen, Männer, Frauen und Kinder. Ich wußte es, weil ich meinen Vater, der dort tätig war, täglich besuchte. Er war ein Arbeiter, der jeden Menschen achtete, besonders liebte er die Kinder.

Nina, ein junges Mädchen aus Kiew, sagte zu mir: „Du Dotschka von Chef, Papa gut." Die „Ostarbeiter" mochten meinen Vater, weil er zu helfen wußte.

Jan war nach langem, schwerem Weg als Gefangener nach Deutschland gekommen. Vieles wurde leichter, weil er Anne hatte. Daß sie Deutsche war, störte ihn nicht. Er teilte die Welt anders ein, in gut und böse.

Er begegnete in Deutschland auch vielen guten Menschen.

Wenn das Heimweh kam, und Jan an sein Zuhause dachte, suchte er die Einsamkeit. Irgendwo in Potsdam gab es eine Parkbank für das Paar. Jan hielt Annes Hand ganz fest und erzählte von seinem Amsterdam.

Von den schmalen Häusern in der Nähe der Grachten, denen die Vergangenheit das Aussehen geprägt hatte.

Immer wieder erwähnte er die Liebe der Holländer zu den Blumen. Die Tulpen vergaß er nie. Dann waren da noch die vielen Brücken und die Windmühlen am Rande der Stadt. Wenn er von dem beliebten Käse, von den Holzschuhen und den Fahrrädern sprach, war er immer dem Zuhause ein wenig näher.

Das Wohnhaus des Malers Rembrandt hatte es ihm besonders angetan. Er kannte und liebte seine Gemälde, er mochte auch dessen Frau. Die Frau mit dem wohlklingenden Namen, den er manchmal seiner Liebsten gab.

So oft Anne das alles auch hörte, sie lauschte immer wieder geduldig und neugierig. Sie waren sich in einer Zeit begegnet, in der der Krieg die Mädchen und Jungen schneller älter machte. Sie benahmen sich wie reife Erwachsene.

Die Freizeit für Berufstätige war eng bemessen. Der Alltag hatte zwölf Arbeitsstunden. Dazu kam das Schlafbedürfnis der Menschen. Es gab keine Nacht, in der die Sirenen schwiegen.

Nur zweimal habe ich die beiden in der Stadt gesehen. Einmal in einem Kino in der Nähe der Leipziger Straße, später auf der Langen Brücke. Lachen konnten sie selten, dazu gab es wenig Grund. Doch sie lächelten, weil sie einander hatten. Bis in den Frühling hinein ging alles gut.

Dann kam der 14. April: das Inferno über Potsdam, das ich miterlebt habe.

Am Morgen des 15. April lief Jan zu Annes Elternhaus am Alten Markt. Die Nikolaikirche war stark beschädigt. Rings um den Platz gab es nur qualmende Trümmerberge. Das Haus in dem Anne gewohnt hatte, gab es nicht mehr.

Der junge Mann hastete über die Trümmerberge. Niemand beachtete ihn. Jeder Potsdamer hatte an diesem Morgen mit sich selbst zu tun.

Wie erstarrt hielt Jan inne. Dann wühlte er in den Steintrümmern herum. Plötzlich sah er etwas glitzern und griff zu. In der Hand hielt er Annes Ring mit dem winzigen, hellblauen Aquamarin. Das Schmuckstück war unversehrt: kein Kratzer, keine Spur einer unsanften Behandlung.

Nach kaum einem Monat, am 8. Mai 1945 war der zweite Weltkrieg beendet.

Die Zeit heilt Wunden — die Erinnerung bleibt.

Brunhilde Weiße

Rosemarie Schnarke

ERINNERUNGEN sind das einzige Paradies,
aus dem man nicht vertrieben werden kann!

Um das große Tief zu überwinden, in das ich durch den Tod meines Mannes geraten war und auch, um das Gefühl zu haben, nicht ganz so schnell vergessen zu werden, wenn ich auch einmal nicht mehr bin, schreibe ich „Geschichten meines Lebens". Das hilft zunächst einmal mir. Ich habe aber festgestellt, daß ich auch bei anderen Menschen Interesse finde und damit deren eigene Erinnerung wecke.

Die Reise ins Schlaraffenland

Es war Schützenfest – Vogelschießen haben wir dazu gesagt.

Viele Buden gab es mit laut angepriesenen Attraktionen, die Karussells und Luftschaukeln. Es gab Bratwürste und Eis, und, was ich besonders gern mochte, Fischbrötchen.

30 Pfennige habe ich von den Eltern bekommen, um ein Eis und ein Fischbrötchen essen zu können und einmal Karussell zu fahren.

Ich habe das bunte Treiben mit viel Aufmerksamkeit angesehen, habe zugeschaut, wie mit Bällen nach Blechbüchsen geworfen wurde. Wem es gelang, alle abzuräumen, der erhielt eine Kunstblume.

Die gab es auch, wenn an den Luftgewehr-Schießständen getroffen wurde. Manch junger Bursche war stolz, wenn seine Auserwählte einen Strauß Blumen in der Hand hielt, zeigte er doch, was für ein toller Schütze er war.

Fest hielt ich die 30 Pfennige und konnte mich nicht entschließen, sie auszugeben. Ich hatte auf dem Schützenfest so viel gesehen, da brauchte ich nicht noch Eis und Fischbrötchen zu essen und Karussell zu fahren.

Ich habe das Geld wieder mit nach Hause genommen und bin in den kleinen Laden gegangen, der sich in dem Haus befand, in dem wir damals wohnten.

Stolz legte ich die 30 Pfennige auf den Ladentisch, fühlte mich unendlich reich, und wünschte, dafür ein Bilderbuch zu erhalten.

An der Reaktion von Frau Heyne spürte ich, daß mein Reichtum wohl doch nicht so groß war, und daß man auch damals schon für ein Bilderbuch mehr Geld brauchte.

Doch dann hieß sie mich warten, ging in den Lagerraum und kam mit einem großen Buch zurück. Daß die Heftklammern schon rostig waren und der Einband auch sonst einige Schönheitsfehler hatte, störte mich nicht.

Mein erstes selbstgekauftes Buch – ich war damals sechs Jahre alt – machte mich sehr stolz, und „Die Reise ins Schlaraffenland" hat mich mein ganzes Leben lang begleitet.

Die Zauberringe

Zweimal im Jahr war Jahrmarkt.

Der Rollplatz und alle von ihm abzweigenden Gäßchen waren voller Buden, wo die Händler die unterschiedlichsten Waren anboten.

Ich bin gerne durch die Budenstraßen gelaufen, habe mir angesehen, was es alles zu kaufen gab, ohne selbst etwas kaufen zu können. Wenig interessierten mich die Gebrauchsartikel, die Töpfe, die Eimer, die Schüsseln, die Spitzen und Bänder, die Unterwäsche, die Gürtel. Die schwarzsamtenen Sofakissen mit in grellen Farben aufgedruckten Tierköpfen – Pferde, Hunde, Katzen; aber auch Landschaften – sind schon ins Auge gesprungen; aber so recht gefallen haben sie mir nicht.

Auch die vielen Stände mit Süßwaren, frisch gerösteten Erdnüssen und anderen Leckereien, mochte ich nicht so sehr – und schon gar nicht den marktschreierisch angebotenen „Türkischen Honig". Das war für mich so ein widerlich süßes, klebriges Zeug, dem ich gar nichts abgewinnen konnte.

Was mich interessierte, das war „das Neueste von der Leipziger Messe", zum Beispiel Klappschirme, die man so klein zusammenfalten konnte, daß sie in eine Handtasche passen; Taschenmesser mit unendlich vielen Funktionen; Sahne- und Eiweißschläger, die in Sekundenschnelle eine steife Masse produzierten.

Und dann stand an der Friedhofsmauer zur Hofkirche der „Zauberer". Sein Stand war klein und primitiv – aber was er zeigte, versetzte mich in Staunen und ich habe lange dort gestanden und zugesehen, wie er Geldstücke verschwinden ließ und wieder „zurückzaubern" konnte. Natürlich hat er das wortreich und mit viel Hokuspokus und Simsalabim vorgeführt.

Dann bat er mich, bei Fahrrad-Weidensee am Graben Karbid für seine Lampe zu kaufen. Oh, war ich freudig erregt und glücklich, dem „Zauberer" helfen zu können – und ich bin geflitzt und war in Windeseile wieder zurück. Als Belohnung schenkte er mir ein paar Zauberringe, die ich mir für 20 Pfennige, die sie kosteten, nie hätte kaufen können.

Ich war selig und bin ganz schnell nach Hause gegangen, gefolgt von einer Kinderschar, die die Ringe auch mal sehen wollten. Ich wollte sie aber erst in Ruhe alleine ausprobieren und habe sie ganz fest gehalten, damit sie mir niemand wegnehmen konnte.

Da hatte ich also jenen grünen Briefumschlag, darin ein Blättchen genau so grünes Papier und die beiden „goldenen Ringe", etwa 5 Zentimeter im Durchmesser groß.

Aber was war das, der eine Ring war mit grünem Papier zugeklebt. Der war sicher noch nicht ganz fertig, habe ich gedacht, und das Papier von dem Ring abgemacht.

Von Oma ließ ich mir einen Groschen geben, legte den Briefumschlag auf den Tisch, das 10-Pfennigstück darauf, machte das Papier zwischen die Ringe, deckte Ringe und Papier über das Geld – Simsalabim – zog das Papier weg – und da lag doch der Groschen noch und war nicht weggezaubert! Ich habe das mehrfach probiert; aber niemals war das Geld verschwunden. Ich war furchtbar enttäuscht. Da hatte mir der Zauberer doch keine richtigen Zauberringe geschenkt!

Oma, die mir zugesehen hatte, legte den Ring auf die Verschlußlasche des Kuverts, zeichnete den Umriß auf, schnitt das runde Blättchen aus und klebte es auf den Ring, so, wie es vorher auch gewesen war. – Nun war tatsächlich der Groschen nicht mehr zu sehen, wenn man den beklebten Ring darüber deckte.

Aber das war doch nicht gezaubert, das war doch Betrug! – „Beschiß" habe ich damals gesagt!

Meine Freude an den Ringen war verflogen und ich hatte die mich sehr prägende Erkenntnis, daß es „richtig zaubern" gar nicht gibt!

Heimat, deine Sterne ...

Dies war ein Lied, das mir viel bedeutete!

Wenn es sonntags im Wunschkonzert erklang – von Wilhelm Strientz gesungen, der einen wunderbaren, weichen, einschmeichelnden Baß besaß – dann wurde mir warm ums Herz und sehnsuchtsvoll zugleich. Ich war jung und verliebt und wäre so gerne mit Ewald zusammen gewesen; aber drei Wochen, nachdem wir unsere wunderbare Traumhochzeit gefeiert hatten, wurde er nach Danzig zum Generalkommando versetzt. 500 Kilometer lagen zwischen uns!

Viele seiner Kameraden haben ihre Familien nach Danzig geholt; aber wir haben das gar nicht erwogen. Ohne meine Hilfe hätten die Eltern ihre Existenz, das Ladengeschäft, nicht bewältigen können. Vater war damals schon fast 60 Jahre und Mutter, obwohl 10 Jahre jünger, war nicht immer gesund. Nachdem mein Bruder Roland – der nach Beendigung seiner Kaufmannslehre im Geschäft tätig war und es auch einmal übernehmen sollte – Soldat werden mußte, war es ganz selbstverständlich, daß ich meine berufliche Tätigkeit aufgab und wieder ins elterliche Geschäft zurückkehrte.

So haben Ewald und ich damals – wie so viele junge Menschen – eine „Urlauberehe" geführt, gehofft, daß wir den Krieg gesund überstehen würden, den wenigen Tagen, die wir zusammen sein konnten, entgegengefiebert und sie bis zur Neige ausgekostet. Wir lebten mit der Hoffnung, nach dem Krieg unser gemeinsames Leben aufbauen zu können.

Noch blieb es aber bei der Ungewißheit und der großen Sehnsucht!

Heimat, deine Sterne, sie strahlen dir auch an fremdem Ort ...

Ich habe oft zum Sternenhimmel gesehen und gewußt, wenn Ewald dies jetzt auch tat, sah er die gleichen Sterne und wir fühlten uns innig verbunden.

Wir hatten das große Glück, ab Sommer 1946 unser gemeinsames Leben führen zu können, über 44 Jahre lang! Im 49. Jahr unserer Ehe, fast genau 50 Jahre, nachdem wir wußten, daß wir zusammen gehören, mußte mich Ewald alleine lassen – und wieder kommt mir in den Sinn:

Heimat, deine Sterne, sie strahlen dir auch an fremdem Ort!

Und nun – im Mai 1996 – sehe und höre ich in einer Talkshow Erinnerungen an dieses Lied und erfahre, daß der Dichter – Erich Knauf – bereits damals von den Nazis hingerichtet worden war und weder von dem Prozeß noch von seinem Tod die Öffentlichkeit unterrichtet werden durfte – und wieder kommt mir mit Erschrecken zum Bewußtsein, in welcher schlimmen Zeit wir damals gelebt haben und wie viele bittere Schicksale daraus entstanden sind.

Heimat, deine Sterne, sie strahlen dir auch an fremdem Ort!

Der Alleinunterhalter vom Anhalter Bahnhof

Berlin gehörte zu den Städten, die ich unbedingt gesehen haben wollte – und diesen Wunsch konnte ich mir bereits mit 16 Jahren erfüllen.

Mein Bruder Roland war Lehrling in einem Lebensmittelgeschäft in Potsdam geworden und mein Bruder Gerhard und ich machten uns aus Thüringen auf die Reise, ihn dort zu besuchen. Das Ziel war aber zunächst: Berlin – Anhalter Bahnhof, in dem damals alle Züge aus südlicher Richtung ankamen.

Ich habe schon sehr gestaunt über die riesige Bahnhofshalle, die vielen Gleise. Beeindruckend war aber auch die Eingangsseite, durch die die vielen Menschen strömten, die mit den Zügen fahren wollten oder von den Zügen kamen. Anhalter Bahnhof war damals für mich der Begriff, der sich mit Berlin verband.

Als ich zwei Jahre später nach Dievenow an der Ostsee fuhr, um dort eine Saisontätigkeit als Verkäuferin anzutreten und mir meinen Wunsch zu erfüllen, das Meer zu sehen, mußte ich auch zunächst zum Anhalter Bahnhof und von da aus mit der Straßenbahn zum Stettiner Bahnhof, der heute Nordbahnhof heißt, um von dort nach Stettin zu kommen und dann mit dem Schiff nach Dievenow zu fahren. Da war mir der Anhalter Bahnhof schon vertraut und als ich ein Jahr später mit meinen Freundinnen Lilo, Margot und Klärchen in Berlin war, konnte ich vom Anhalter Bahnhof an für sie schon Fremdenführer und Erklärer sein!

Dann lernte ich Ewald kennen und lieben – und er war Berliner!

Es war Silvester 1940, als ich – jung und verliebt – wieder den Anhalter Bahnhof als Ziel hatte, um dann nach Staaken zu fahren und Ewalds Eltern und seine Schwester Lieselotte mit Ehemann Heinz kennenzulernen.

Ich weiß nicht mehr, ob da schon der Alleinunterhalter vor dem Anhalter Bahnhof stand. Eine recht bunte, lustige Figur. Auf dem Rücken hatte er eine riesige Pauke, deren Klöppel durch den Fuß bewegt wurde. In den Händen hielt er ein Schifferklavier, mit dem irgendwie eine Mundharmonika verbunden war, und auf dem Kopf trug er eine Art Helm mit einem Glöckchenspiel darauf. Es war schon eine vieltönende Musik, die der Mann mit diesen Instrumenten fertig brachte.

Ich habe ihn jedenfalls oft vor dem Anhalter Bahnhof stehen sehen und spielen gehört, weil ich nun häufiger Berlin besuchte. Zunächst mit Ewald, als er noch in Weimar in der Nachrichtenkaserne stationiert war und zum Urlaubsbesuch in sein Elternhaus fuhr, und später, als er nach Danzig und Bromberg versetzt wurde, wo ich ihn besuchte und der Anhalter Bahnhof stets Umsteigestation war.

Dann kamen die Monate, in denen man nichts voneinander hörte, nicht wußte, ob die Menschen, die einem nahestanden, das schreckliche Kriegsende mit der beinahe totalen Zerstörung von Berlin überstanden hatten und in diesem Chaos weiterleben konnten und ob Mann und Brüder an den Kriegsfronten heil davongekommen waren.

Es war schon ein großes Glück, daß Roland im September 1945 als einziger Überlebender seiner Kompanie – und fast drei Jahren „Sibirien"* – in die Heimat zurückkam und im Oktober 1945 auch Gerhard vor uns stand mit seiner jungen Frau Erika, die in Berlin, in der Prenzlauer Allee, alle Schrecken heil überwunden und zwei Tage nach Kriegsende das Söhnchen Roland geboren hatte.

Weil er bei seiner alten Firma Daimler-Benz Arbeit bekam, blieb Gerhard in Weimar, war aber oft schlecht gelaunt, weil Frau und Kind in Berlin lebten. So sind Roland und ich im November 1945 nach Berlin gefahren, um die junge Familie zusammenzuführen.

Es war eine abenteuerliche Fahrt, in dem überfüllten Zug eng aneinander stehend, den Zugwind aus den glaslosen Fenstern spürend – aber trotzdem, irgendwie war ich froh gestimmt! Und dann kamen wir am Anhalter Bahnhof an. Vom Bahnhof war nichts mehr zu sehen. Es stand nur die Eingangsmauer mit hohlen Fenstern und Türen – aber davor stand der Alleinunterhalter und machte Musik, so wie früher und als wäre nichts geschehen!

Diesen bunten Fleck in dieser grauen Trümmerwüste wiederzusehen und zu hören, hat mich freudig berührt; mich spüren lassen, daß das Leben doch weiterging und ich fühlte die Kraft wachsen, die man damals zum Weiterleben brauchte.

Ich habe noch am gleichen Tage erfahren, daß auch Ewald lebte und in amerikanischer Gefangenschaft war.

Volkstümliche Bezeichnung für Kriegs- und später auch Strafgefangenenlager in der stalinistischen Sowjetunion.

Die Birke

Noch steht sie – aber ihre Tage sind gezählt! Nicht weil sie krank oder unansehnlich wäre – nein, sie ist ein großer, stattlicher Baum, der das Haus, hinter dem sie steht, weit überragt.

Solange wir dort wohnten, war sie Mittelpunkt des Gartens, der 23 Jahre zu unserem Leben gehörte. Als wir dort einzogen, hatte sie auch schon Größe; aber Jahr für Jahr strebte sie weiter in die Höhe und nahm auch an Umfang zu. Sie war ein schöner Baum, der uns an heißen Sommertagen Schatten und Kühlung bot. Mit ihr haben wir den Frühling begrüßt, wenn sie ihr erstes zartes Maiengrün sprießen ließ; aber auch den nahen Winter, wenn sie als letzte der vielen Bäume in unserem Garten ihr Laub verlor. Viele Vögel haben sich in ihren Zweigen wohlgefühlt und uns mit ihrem Gesang erfreut.

Da waren die Stare, für die sie hoch oben an ihrem Stamm einen Nistkasten trug und die Meisen, die unterhalb ihres ersten Zweiges ihre Jungen groß zogen und uns mit der Beobachtung ihres Familienlebens Spaß bereiteten. Da waren aber auch die vielen Spatzen, die sich in ihr tummelten, die wir auch mochten wegen ihres gezeichneten Federkleides, an dem wir gut unterscheiden konnten, was Hähnchen oder Henne war. Und da waren die Nachtigallen, die wir zwar nur selten gesehen haben, die uns aber ab Mai Tag und Nacht mit ihrem Gesang unterhalten haben.

Sie alle werden ihr Domizil in der grünen Oase verlieren, denn die meisten Bäume, die am Rande unseres Gartens standen, sind schon verschwunden und es wird nicht mehr lange dauern, dann werden auch Häuschen und Birke nicht mehr sein. Mir tut der Gedanke daran weh, denn damit verschwindet ja auch etwas, was lange zu meinem Leben gehörte.

Für die neuen Besitzer des Areals, das einmal unser Zuhause war, ist der Boden wichtig, nicht das, was darauf steht und was darauf gewachsen ist!

Ich werde aber immer, wenn ich zurückdenke, die Birke sehen, wie sich ihre Zweige grüßend bewegen!

9. Februar 1945 – 1995

Er ist nun schon 50 Jahre her, jener sonnige Februartag mit strahlend blauem Himmel.

Durch Ewald hatte ich gelernt, wie man den Drahtfunk empfangen kann, jenen Sender, der die Luftlageberichte durchgab. Man mußte Telefon haben und durch einen Draht die Verbindung zum Radio herstellen.

Ich habe das bei uns gemacht und auch bei Bäcker Rodegast und Fleischer Wagner, die ebenfalls Telefon besaßen.

In jener Zeit hatten wir den Sender ständig an. Wenn es hieß: „Anflug feindlicher Flugzeuge im Raum Hannover – Braunschweig", wußten wir, daß mit großer Wahrscheinlichkeit innerhalb kurzer Zeit die Sirenen heulen würden.

Es war kurz vor 11 Uhr, als es an diesem Tage geschah.

Vater ging ins Freie, um Ausschau zu halten und ich stand gleich hinter ihm. Auf der anderen Straßenseite rannte ein Mann und rief uns zu, geht schnell in den Keller, eben haben sie über dem Saukel-Werk (das davor die Waggon-Fabrik war und später das Weimar-Werk wurde), Christbäume gesetzt. Das waren jene Leuchtsignale, die einen Bombenabwurf ankündigten. Und schon begann es zu krachen.

Wir saßen angstvoll in unserem kleinen Keller, den wir durch Holzbalken abgestützt hatten, um ihn etwas sicherer zu machen: Vater, Mutter, unser russisches Hausmädchen Olga, Frau Müller, die Mieterin aus der 2. Etage, und ich.

Plötzlich gab es einen entsetzlichen Knall. Wir hatten das Gefühl, unser Haus würde in die Höhe gehoben. Wir krochen noch mehr in uns zusammen, wartend, daß alles über uns zusammenfällt. Mutter und Frau Müller haben laut geschrien, doch dann war es ruhig – eine entsetzliche Stille!

Wir warteten auf den nächsten Schlag, der aber ausblieb.

Wir waren alle wie gelähmt, wagten uns nicht zu rühren. – Mutter war die Erste, die sich aus dieser Starre löste und den Keller verließ, um nachzusehen, was passiert war. Unser Haus stand noch, die große Schaufensterscheibe war in Tausende kleiner Scherben zerborsten und auf dem Dach fehlten eine Menge Ziegel.

Mutter sah aus dem Dachlukenfenster und schrie uns laut zu: „Das Haus von Engelbrecht ist weg!" Das war ein großes Haus in unserer Nähe. Es war von einer Luftmine getroffen worden und zusammengestürzt. Alle Bewohner dieses Hauses waren tot.

Ich weiß nicht mehr, wie viele Tote es an diesem Tage in Weimar gegeben hat. Es waren viele Häuser kaputt; auch das Theater und das Goethehaus.

Von da an sind wir bei Alarm nicht mehr in unseren Keller gegangen. Wir wußten, im Ernstfall wären wir aus diesem Loch nie herausgekommen. So rannten wir, sobald feindliche Flieger angekündigt wurden, zum Kirschbachtal, haben uns dort in einen Graben gelegt und gedacht, dort wenigstens nicht verschüttet zu werden und so keinen tagelangen Todeskampf unter Haustrümmern erleiden zu müssen.

Aber weniger Angst hatten wir dort auch nicht. Wir sahen die Christbäumchen, die den Bombenangriff auf Erfurt ankündigten, hörten die unzähligen Flugzeuge über uns, die dann Dresden in Schutt und Asche legten und erlebten einen Tieffliegerangriff, von dem wir glaubten, daß er uns im Kirschbachtal gelten würde. Von da an sind wir zum Felsenkeller gerannt, der als Luftschutzkeller freigegeben war. Wir mußten eng aneinandergedrängt in den schmalen Gängen zwischen den hohen Regalen mit gefüllten Weinflaschen stehen und Vater meinte, wenn hier was passiert, dann ersaufen wir wenigstens im Wein.

Hier haben wir die Flieger nicht gehört und auch nicht die weiteren Bomben auf Weimar, bis zu dem Tage, als eine einzige Luftmine fiel – unmittelbar neben dem Felsenkeller. Die Lampen schwankten, das Licht ging aus, die Flaschen klirrten und hunderte von Menschen schrien und gerieten in Panik.

Unter dem Weimarer Park sind Naturhöhlen. In meiner Kinderzeit kannte ich nur eine einzige, immer verschlossene Tür, die in diese Höhlen führte und uns sehr gespenstisch erschien. Da wohnt sicher eine Hexe drin, habe ich damals gedacht!

Nun hatte man in der Nähe vom Liszthaus einen großen Eingang gebaut. Stufen führten in die Tiefe zu einem ausgebauten Teil der Höhle, in dem sich das Regierungsquartier befinden sollte. Nach dem Luftangriff vom 9. Februar war der nichtausgebaute Teil der

Höhlen als Luftschutzkeller freigegeben worden und es hatte sich herumgesprochen, daß man dort unten sogar von den Bomben, die auch in den Park gefallen waren, nichts gespürt hatte.

Jetzt rannten wir bei Alarm immer in die Höhle, einen ziemlich weiten Weg, oft von Haus zu Haus Deckung suchend. Wir fanden dort tatsächlich relative Ruhe, denn wir hörten keine Flieger, keine Bomben, keine Flakgeschütze.

So haben wir uns für die restlichen Kriegswochen dort eingerichtet, haben Bretter auf den feuchten Boden gelegt und unsere Taschen und Rucksäcke mit den wichtigsten Habseligkeiten, die wir unbedingt retten wollten, abgestellt, so daß wir ohne dieses Gepäck doch schneller laufen konnten.

Auch wenn kein Alarm war, sind wir jeden Abend dorthin gegangen und haben die Nächte verbracht, zusammen mit hunderten Menschen und großen Trauben Fledermäusen. Die fühlten sich durch uns sicher gestört, denn es brannte elektrisches Licht und dort, wo es ganz dunkel war, haben wir uns mit Hilfe von Taschenlampen den Weg gesucht – bis zu jenem 11. April 1945, wo kurz vor Mitternacht der Befehl kam, sofort die Höhle zu räumen, weil „der Buchenwald" frei sei* und keine Gewähr mehr für unser Leben gegeben werden könne. – Da sind wir mit Sack und Pack voller Angst wieder nach Hause gerannt, denn es krachte ununterbrochen. – Mutter und ich sind fortan in unserem Haus geblieben, während Vater und Olga in den Keller der Allianz liefen, dem großen Gebäude in unserer Nähe, das später jahrzehntelang Russische Kommandantur wurde.

Am Vormittag des 12. April 1945 sind die Amerikaner kampflos in Weimar eingezogen. Für uns war der Krieg zu Ende.

---

* *Volkstümliche Bezeichnung für das Konzentrationslager Buchenwald*

Lehrer Toepfer

Er ist drei Jahre lang mein Klassenlehrer gewesen. Er wäre das ganz sicher auch ein viertes Jahr geworden, wenn die Nazis nicht an die Macht gekommen wären. Er wurde aus dem Schuldienst entfernt, und wir bekamen einen mir sehr unsympathischen ollen Nazi in die Klasse gestellt, der aus jedem Lehrfach eine Politstunde machte.

War Lehrer Toepfer mein Lieblingslehrer? Ich vermag das nicht mit einem klaren Ja zu beantworten. Er war aber der Lehrer, der manches in meinem Denken und Handeln entscheidend geprägt hat.

Er war ein großer Verehrer Goethes und irgendwie sah er seinem Vorbild auch ähnlich. Klar, daß er uns Goethe nahebrachte und versuchte, uns zu erklären, daß Goethe Liebschaften gebraucht hatte, um sein künstlerisches Werk zu schaffen.

Ich habe mich damals als Frau – ich war 12 Jahre alt – durch Goethes Verhalten furchtbar beleidigt gefühlt und Goethe hat für mich dadurch viel von seinem Glorienschein verloren!

Toepfer erzählte auch über Dänemark und wir erfuhren, daß dort viel Milch und Butter produziert wurden. Trotzdem gab es viele rachitische Kinder, weil die Butter, die das verhindert hätte, der Devisen wegen exportiert wurde und sie selbst nur Margarine aßen. – Nicht nur deswegen, aber doch auch davon beeinflußt, wurde Margarine für mich ein Nahrungsmittel, das ich nicht mag.

Ich habe mit Lehrer Toepfer – auch nach seiner Entfernung aus dem Schuldienst – immer Kontakt gehabt; habe ihm zum Jahreswechsel und zu seinem Geburtstag geschrieben, habe ihn auch einmal in seinem neuen Wohnort besucht, und Jahre später machten er und seine Frau auch bei mir und meiner Familie einen Besuch.

Er hat sich immer über meine Grüße gefreut, war aber dennoch im hohen Alter traurig, weil ich die einzige seiner vielen Schülerinnen war, die noch zu ihm Verbindung hatte. Es waren die politischen Verhältnisse, die seinen beruflichen Lebensweg negativ beeinflußten und als er nach Kriegsende noch einige Zeit Leiter einer Lehrerbildungsanstalt war, blieb er auch da vor weiteren Enttäuschungen nicht gefeit.

Er fand in seinen letzten Lebensjahren Aufnahme in der Familie seines Sohnes, der Museumsdirektor war und uns Schülerinnen in seiner Studentenzeit durch das Museum für Urgeschichte geführt und bei mir großes Interesse geweckt hatte.

Lehrer Toepfer ist 83 Jahre alt geworden.

Helge Sauer

Rosemarie Schnarke

HELGE SAUER

BALLADE an den Menschen, den man liebt
Ob man will oder nicht

Ich weiß nicht, wie's gekommen ist
Doch ward nicht mancher schon von Dir
Fieberkrank und bettelarm
Hab' Dich wohl deshalb so vermißt
Schütte aus Dein Herz auf mir
Wenn Du willst, auch Deinen Darm

Ich weiß nicht, was Du wirklich willst
Probier doch einfach alles mal
Ob Schleier- oder Säbeltanz
Wenn Du Deinen Hunger stillst
Von fremdem Fleische – mir egal
Doch dann friß mich bitte ganz

Zieh' mich – notfalls mit Gebiß
Und Würgegriff – in Deinen Bann
Mach' es kalt, das... Schwein
Strafe, tritt' und quäl' mich, bis
Ich nur noch leise wimmern kann
Aber laß mich nicht allein

Ich weiß nicht, was das werden soll
Es windet meine Seele sich
In Angst, daß Du mich einmal mehr
Verstümmeln wirst und mitleidsvoll
Mir sagst, daß ohne Rückgrat ich
Für Dich nicht zu gebrauchen wär'

1996

Bettler

> Bettler ohne Bettelstab
> Fast so schön wie du
> Hätt' ich 'ne Hand für'n Pappschild frei
> Stünd' dort nur „Hör zu!"

Das Wetter spielt mal wieder mit, die Saiten sind gestrafft
Mit Mühe haben wir vereint den ersten Ton geschafft
Der zweite ist schon halb so wild, doch der dritte haut vorbei
Beim vierten wird ja aufgepaßt – da ist der fünfte einerlei
Der Akkordeon-Fuzzi ist sauer und blaß
Weil er grad' zwölf Meter weiter saß
Doch der ist'n Arsch – da darf ich das

> Bettler ohne Bettelstab ...

Frau im Café vis-à-vis hält verkrampft ihr Glas gepackt
Die Schminke schaut gelangweilt weg – die Füße gehn im Takt
Den Opa im Fenster über ihr küßt die Abendsonne leicht
Man sieht es seinen Augen an, wenn ein Ton sein Ohr erreicht
Ach Mädel, sag, was denkst du dir
Sitzt schon wieder eine hinter mir
Bin doch nicht aus Langeweile hier

Also mach' ich große Worte laut – stehl' euch noch'n bißchen Zeit
Weil mich von dem ganzen Mist halt nur Musik befreit
Ich schenk' sie euch – wer immer da an mir vorüberschlurft
Und wenn mal nicht der Groschen fällt: ihr müßt nicht – ihr dürft
Ob ich denn nix mit Stimmung kann
Kommt dieser Kerl schon wieder an
Ich fang' mich mal und tu' ganz klug:
Für Glücksdrogen bin ich nicht arm genug

> Bettler ohne Bettelstab ...

1995

Ware Leben

Willkommen im Licht der Welt, kleiner Mann
Wie der süße, zahnlose Mund schon so niedlich lachen kann
Von diesem kleinen rosa Ferkel hat die Mutti lang geträumt
Nimmt der Hund deinen Geruch auf, bist du schon sein bester Freund
Wieviele Runden hat der Papi in der Firma schon spendiert
Haben alle feuchten Blicks das erste Foto angestiert

Und alles and're ganz weit weg – wo doch so viel passieren kann
Und wie es wäre, wenn's nicht so wär – ach, denk' lieber nicht daran
Denn dann wär' dein Kinderzimmer nur ein Weidenkorb im Wald
Weil dich Mutti gar nicht haben wollt' und Papi nicht bezahlt
Die weite Welt starrt vor Dreck und vor Schnaps bald deine Wut
Ach, halt die Klappe, böser Kopf – ging doch alles noch mal gut

> Ware Leben, Ware Leben
> Nichts geht über echte Qualität
> Unbezahlbar – kein Gedanke
> Solange Angebot und Nachfrage besteht

Willkommen im Licht der Welt, kleiner Mann
Hast du überhaupt 'ne Ahnung, was aus dir mal alles werden kann
Bei uns ist immer Platz für so frischen Rückenwind
Ob es Leute mit Ideen oder großen Fressen sind
Reiß dein Maul nur schön weit auf, wenn du nach deiner Milchkuh brüllst
Weißt doch jetzt schon ganz genau, wie du bekommst, was du willst

> Ware Leben ...
>   ... wenn es auch schon mal nach Kilopreisen geht
> Unbezahlbar – kein Gedanke
> oder doch ...? – oder wie ...?

Es ist das ewige Auf und Ab – und alle Tassen hoch
Mit der Frau aus deinen Träumen oder aus dem Katalog
Du mußt dankbar sein für jeden Augenblick
Jedes Wort, jede Mark und jeden kleinen Fick
Du weißt, weniger ist mehr, doch zuviel ist nie genug
Und leider wird man eben nicht aus jedem Schaden klug
Es geht nur auf und ab – der Ball im Spiel bist du
Doch erwarte keine Fairneß – wir gehör'n alle mit dazu

Wo der eine nicht mehr weiter weiß, drückt den anderen der Bauch
Wo Licht ist, da ist Schatten – tja, Schattenboxen mußt du auch
Das Leben ist ein Labyrinth, in dem man vorwärts denkt
Wo gehobelt wird, fall'n Späne, mit Öl und Blut getränkt
Wo ein schwarzes Kind verhungert, sinken Welten in den Dreck
Schließ die Augen, schließ die Tür, schick die Geister wieder weg
Und paß lieber auf dich auf – du hast ja noch zwei Nieren
Es könnte ja rein zufällig das gleiche dir passieren
Bei uns ist immer Platz für Helden bei der Fahne
Oder möglichst junge Spender lebenswichtiger Organe

    Ware Leben …

1997

Haben wollen

Die meisten kleinen Menschen
Wollen alles haben
Was sie sehen

Die meisten großen
Sehen alles
Wie sie es
Haben wollen

1995

87

Manchmal
Läßt sich
Die Art von Magie
Die man nicht ganz
In Worte zu fassen vermag
Auch in einer
Ganz gewöhnlichen Zahl
Wiederfinden
So wunderschön
Naiv
Lächerlich
Und unglaubwürdig das klingen mag

Und wenn schon:
Daß ich es
Beim besten Willen
Nicht erklären kann
Nicht mit Worten
Wieviel Du
Mir bedeutest
Und warum
Genau
Wie diese Zahl
Ist der beste Beweis
Daß Magie
Existiert

1997

MÄNNER sind Schweine:
Entweder sie machen gleich
Was sie wollen
Oder sie sprechen im Schlaf
Und ich wollte
Nie erwachsen werden

1995

ZUM ABSCHIED

Ich seh' Deine Augen sich röten
Ich seh auch Dein flehend' Gesicht
Ist alles gesagt, was vonnöten
Dann quäl' ich Dich länger auch nicht

So nimm denn zum Abschied die Hände
Die der Freund Dir entgegenstreckt
Und mach dem Geschwafel ein Ende
Wer weiß, was er damit bezweckt

Wohl dem, der in solchen Momenten
Die letzten Worte ehrlich formen kann
Alles Heucheln kannst Du Dir schenken
Willst Du mich wiederseh'n – irgendwann

1992/94

Astronaut

Ich bin ein kleiner Astronaut
Und finde keine Ruh
Vom Sternenhimmel schau' ich Dir
Verliebt
Verliebt durch's Fenster zu

Um mich herum ist es ganz still
Der Mond scheint hell und klar
In Deinem Zimmer brennt noch Licht
Vielleicht
Vielleicht siehst Du, siehst Du mich ja

Wenn ich Dich morgen wiederseh'
Da freu' ich mich schon drauf
Dann werf' ich Dir ein Sternchen zu
Und hoffe, Du kuckst mal 'rauf

Ich bin ein kleiner Astronaut
Und finde keine Ruh
Hör' immer nur das gleiche Lied
Ist ja süß
Bist doch viel zu klein dazu

Doch heimlich nachts – in meinem Kopf
Die Kindergartenlieder
Schau' ich von der Straße aus
Verliebt
Auf Dein Fenster wieder

1992

Es ist nicht schwer
Zu lieben
Man läßt es sich nur
Immer wieder
Gern erschweren
Meist von denen
Die es sich damit
Scheinbar
Etwas zu leicht machen
Nur
Weil sie es irgendwann
Aufgaben
Sich für andere
Zu ändern

Es ist nicht schwer
Zu lieben
Gerade weil man
Eben muß
Es ist nur schwer
Zu gehorchen
Zu vergeben
Zu wählen
Liebe
Zu filtern:
Perversion
Neu definiert

1997

Katrin Lemke

Rosemarie Schnarke

Es war einmal

vor vielen Jahren, da lebte in einem Dorf jenseits des Ozeans und jenseits aller Welten ein kleines unscheinbares Wesen, das eine seltsame Art hatte, über die Dinge des Lebens zu reden. Es sprach die Dinge nicht direkt an, sondern verpackte jedes Mal alles in Form eines Gleichnisses. Dadurch wurden die Leute, die ihm zuhörten, zum Nachdenken angeregt und kamen selber auf Lösungen, wenn sie mit Problemen zu diesem Wesen kamen. Dadurch, daß immer mehr von diesem Wesen erfuhren, kamen immer mehr Leute, die durch diese Geschichten sich eine Lösung ihrer Probleme erhofften. Aber dadurch, daß immer mehr kamen, hatte er für die einzelnen Gleichnisse nicht mehr so viel Zeit und er begann, vieles zu verallgemeinern. Mit dieser Verallgemeinerung wurden viele Gleichnisse ungenau und man verstand nicht mehr den Sinn des Gleichnisses. Die Leute wurden dadurch nicht zufriedener, sondern begannen, sich über den Sinn dieser Erzählungen zu streiten und sie fingen an, sich gegenseitig zu bekämpfen. Aus einem schweren Streit heraus wurden mehr und mehr Kriege und Überfälle, weil jede Gruppe für sich den Sinn der Gleichnisse beanspruchte.

Eindrücke

Tausend neue Eindrücke
fluten jeden Tag auf mich ein
und nicht immer sind es gute,
aber ich mache mein Bestes draus.

Doch an manchen Tagen
wird es mir zuviel
und ich wünschte einfach mir,
ich könnte sie vergessen.

Leider ist dies nicht möglich,
doch ich bin so froh,
daß ich eine ruhige Ecke
in meinen vier Wänden hab.

Der letzte Apfel am Baum

Ein einziger Apfel war jetzt, da der Herbst schon einige Tage im Land herumfegte, noch am Baum übriggeblieben. Trotz aller Widrigkeiten im Frühjahr, Sommer und auch in den ersten Tagen des Herbstes hatte er hartnäckig ausgehalten. Er wollte nämlich wissen, welche Farbe der Schnee hat, denn die Kohlmeise, die dort das ganze Jahr über lebte, erzählte ihm davon. Aber da die Kohlmeise nichts von Farben verstand, konnte sie ihm nur die Kälte und Nässe des Schnees erklären, und daß sie den ganzen Winter über reichlich mit Futter versorgt wurde. Als der Apfel dies im Sommer, kurz nachdem die Blüten verblüht waren und die Äpfel zu wachsen anfingen, jeden Tag gehört hatte, reifte in ihm ein Plan. Die Kohlmeise hatte in ihm die Sehnsucht nach dem Winter geweckt, die er noch nie gefühlt hatte. So ging der Sommer vorbei und es war kein Schnee in Aussicht, und es wurde Herbst im Land, aber es sah immer noch nicht nach Winter aus. Denn die Kohlmeise konnte ihm auch keine genauen Zeitangaben geben und ihn nur mit den Worten vertrösten: „Wenn ich kein Futter mehr finde am Boden, kommt der erste Schnee bald." Und der Apfel stöhnte und fragte immer nur: „Wann denn endlich?" Und so verging der Herbst im Land und der Apfel fragte immer schärfer: „Wann ist es soweit?" Die Meise sagte immer wieder: „Hab noch ein paar Tage Geduld, so an die drei Tage, denn die Blätter an deinem Baum und die Äpfel werden schon weniger. Das ist nämlich ein gutes Zeichen." Aber die Meise verriet ihm nicht, was noch ein paar Tage sind, denn sie wußte es selbst nicht. Außerdem konnte sie sowieso nur bis drei zählen und packte es einfach mit den Tagen zusammen. Der Apfel wurde dadurch noch ungeduldiger, aber inzwischen waren schon alle Äpfel und Blätter vom Baum gefallen, nur er nicht. Es wurde auch schon immer kälter, so daß er glaubte, jetzt müßte es endlich so weit sein. Aber die Meise sagte nur noch: „Hab Geduld. Hab Geduld und verzage nicht." Und eines Tages fielen dann die ersten Schneeflocken und läuteten den Winter ein. Endlich hatte der Apfel sein Ziel erreicht und vor lauter Glück über den weißen Schnee, erstarrte er im Inneren zu Eis.

KATRIN LEMKE

Wie Kasimir sich auf den Weg machte, sein eigenes Ich zu finden

Es war einmal, vor nicht gar so langer Zeit, da machte sich der Bär Kasimir auf den Weg, sein eigenes Ich zu finden. Er hatte schon jede Menge in seinem Leben erlebt und gesehen, aber sein Ich hatte er noch nicht gefunden. Deshalb suchte er an jedem Ort und fragte jeden, der ihn danach ansprach, was er denn suche. Aber es konnte keiner ihm eine genaue Auskunft geben. Die einen sagten: „Versuch es doch dort!" Die anderen konnten ihm auf die Frage keine Antwort geben, und manche gingen nur kopfschüttelnd an ihm vorbei, ohne was zu sagen.

Kasimir hatte schon alle möglichen Orte abgesucht, aber sein Ich hatte er nirgends gefunden. Vor Verzweiflung setzte er sich bei der nächsten Gelegenheit und überlegte, was er denn falsch gemacht hätte. Vielleicht ging er zu tapsig dabei vor oder die Leute nahmen ihn einfach nicht ernst, weil er sich bei all seinen Bewegungen wie ein Tolpatsch bewegte. Sie fanden ihn zwar lustig, aber dachten nicht daran, daß er doch auch wie all die anderen Wesen eine Seele hatte.

Es lag vielleicht doch daran, daß er etwas kleiner und schwächer als die anderen war. Aber er wollte doch unbedingt sein Ich finden, denn deshalb hatte er sich auf den Weg gemacht. Also stand er wieder auf und versuchte sein Glück aufs Neue.

Er wußte zwar nicht, wo er noch suchen konnte, aber eine Stimme tief in ihm sagte: „Schau doch erst in dein Spiegelbild und sage mir, was du darin siehst, bevor du weitergehst und weitere Leute befragst." Und so schaute der Bär in einen Spiegel und sagte: „Ich sehe einen kleinen Bären, der mich fragend anschaut und neugierig beobachtet, aber auch etwas traurig auf mich wirkt. Was hat er denn?"

„Weißt du es denn nicht?", fragte die Stimme. „Er glaubt nicht mehr, sein Ich zu finden und dabei steckt es doch tief in ihm drin und er muß es nur aus sich herausholen und ans Tageslicht befördern."

„Woher willst du es denn wissen?" fragte der Bär nach innen.

„Weil ich dein Ich bin, nach dem du überall gesucht hast und nach dem du jeden gefragt hast. Ich war überall von Anfang an dabei und ließ dich keine Minute aus den Augen, auch wenn es nicht immer einfach war", sagte das Ich zu Kasimir. Dann strahlte sein Spiegelbild auf und er merkte, wie glücklich er war, sein eigenes Ich gefunden zu haben.

Denn nicht jeder packt diese schwierige Aufgabe und manche erreichen das Ziel nie, weil sie entweder zu sehr beschäftigt sind oder zu faul oder nicht wollen oder können.

Deutsche Bomben nahmen Dir Deinen Vater, im Krieg
Deutsche Bomben nahmen Dir Deine Mutter, als sie schlief,
Deutsche Bomben nahmen Dir das Bein und Deine Geschwister dazu,
und warum sollst Du die Deutschen nicht hassen?

Die deutsche Vergangenheit
Die deutsche Vergangenheit lebt in uns fort,
die deutsche Vergangenheit mahnt uns immerfort,
der deutschen Vergangenheit können wir nicht entfliehen,
auch wenn wir die Augen davor verschließen.

Der Kobold und seine Muse

Es war einmal vor nicht langer Zeit, da lebte in einem Land jenseits aller Grenzen ein kleiner Kobold, der nicht daran dachte, etwas Besonderes zu sein. Denn man sagte ihm immer wieder: „Das kannst du nicht und das kannst du nicht mit deinen verkrüppelten Gelenken. Du bist zu nichts nütze. Sieh uns an. Wir sind alle wenigstens doppelt so groß wie du. Was willst du schon zu Wege bringen!"

Der Kleine wußte sich nicht gegen den Spott der vielen zu wehren und sagte nur: „Eines Tages werde ich es euch beweisen! Ich werde etwas schaffen, was ihr in eurem ganzen Leben nicht erreicht!"

Die Leute lachten ihn nur aus, winkten ab und ließen ihn stehen. Der Kobold aber war trotz seiner Winzigkeit ein kluges Kerlchen. Bei allen Dingen, die er in der Natur sah, hatte er immer das Gefühl, daß ihn die Tiere und Pflanzen als einzige wirklich verstanden. Warum sollte in ihm nicht eine außergewöhnliche Fähigkeit schlummern, die kein anderer besaß? Weshalb sollte er trotz seines kleinen Wuchses nicht etwas Großes leisten können? Er mußte es nur herausbekommen.

Also machte er sich auf den Weg durchs Land. Ununterbrochen grübelte er, was es denn sein könnte, das nur er kann. Er dachte auch über die anderen Leute nach und über ihre Schwächen und Probleme. Eines Tages, als er in einem weiten Wald unterwegs war und sich auf einer Wiese ausruhte, nahm er seinen Schreibblock und einen Stift, weil er aufschreiben wollte, was ihm schon alles begegnet war. Plötzlich lief der Stift wie von selbst über die Seiten und eine Geschichte entstand. Als er durchlas, was er geschrieben hatte, begriff er sein Talent. Geschrieben hatte er schon immer gern, aber noch nie eine ganze Geschichte, in der er selber vorkam.

„Wie kommt das?", dachte er laut und er wiederholte: „Wie kommt das?"

Da hörte er hinter sich eine leise Stimme sagen: „Das hat dir die Waldmuse in die Wiege gelegt. Die Waldmuse."

Der Kobold durchquerte den Wald. Immer wieder rief er nicht allzu laut, damit niemand ihn hörte: „Danke Waldmuse, danke." Er kehrte nach Hause zurück. Er lächelte, wenn die anderen ihn wieder verspotteten. Er schrieb und schrieb, bis es ein Roman geworden war. Der wurde gedruckt und im ganzen Lande verbreitet und gelesen. Das machte ihn berühmt und beliebt. Niemand spottete mehr über ihn. Und die, die ihn verspottet hatten, kamen zu ihm, entschuldigten sich und boten sich an, für ihn Geschichten zu sammeln, denn er hatte zu schreiben und konnte nicht überall sein.

Es kamen seit damals GROSSE MÄNNER
und waren in Wirklichkeit winzig klein.
Sie versprachen den Menschen das Blaue vom Himmel
und das, was sie gerne hören wollten.
Vielleicht hätten sie lieber bei den kleinen Dingen anfangen sollen,
anstatt zu behaupten,
sie hätten die Weisheit mit Löffeln gegessen
und nur für sich gepachtet.

Anne-Sofie Back

Rosemarie Schnarke

Gefrorener Acker

Ein leises Zischen fährt durch das dürre Gras am Wegrand. Fast alle gelben Blätter sind zart bereift. Die tiefe Stille des Winters ruht auf dem Land. Der Himmel ist hellgrau bezogen, die Ferne von frostigem Dunst verhüllt. Die Welt ist in Starre versunken.

Eine dünne Schneedecke liegt auf dem Acker. Aber die Erdschollen blicken überall dunkel hervor. Der Boden ist gefroren. Wenn der Fuß darauf tritt, spürt er die Oberfläche hart und höckerig unter der Sohle. Eine Krähe streicht krächzend mit schwerem Flügelschlag dicht übers Feld. Dann ist wieder alles still. Der winterliche Acker liegt öde und leblos da. Oder trügt der Augenschein?

Wer wagt es, das Ohr auf den frostkalten Boden zu legen? Das ist gewiß nicht angenehm, und vielleicht ist es auch ganz nutzlos. Aber wenn der Lauscher viel Geduld aufbringt, dann kann er ein feines Knistern vernehmen, wenn in den zahllosen, haarfeinen Röhrchen des Bodens das Wasser gefriert und die Erdkrumen auseinandersprengt. Der Frost lockert den Acker und läßt die Luft in die Poren eindringen, die zur Gärung notwendig ist. Die Wintersaat hat schon lange gekeimt und Triebe gebildet. In diese eingebettet wartet die künftige Ähre darauf, daß sie sich wie ein ausziehbares Fernrohr empor zum Licht schieben kann.

Und wenn der Horcher sehr hellhörig ist, dann kann er vielleicht aus größerer Tiefe ein vielstimmiges leises Atmen wahrnehmen. Dort ruhen die Schnecken und Käferlarven, die Mäuse und andere Kleintiere im tiefen Winterschlaf. Meist eng zusammengerollt in sorgsam bereiteten Höhlen. Mit stark verlangsamtem Herzschlag zehren sie vom angesammelten Fett ihres Körpers. Haben sie sich sehr tief eingegraben, dann steht ein strenger Winter bevor. Ein uralter Instinkt hat sie dazu getrieben.

Auch der Mensch ahnt zuweilen dumpf das Kommende, aber er traut seinem Vorgefühl nicht, weil er gelernt hat, nur auf seinen Verstand zu bauen. Darum rennt er oft blind in sein Schicksal hinein. Das Tier aber folgt seinem Instinkt und handelt richtig.

Ein Lastauto dröhnt auf der nahen Straße entlang. Man möchte ihm zurufen: „Stop, halt an! Weißt Du nicht, daß die Tiere schlafen, daß das Wachsen der Pflanzen schläft im gefrorenen Acker?" Doch da ist das Auto schon vorüber. Tiefes Schweigen liegt wieder über dem winterlichen Land.

Die Menschen in vergangenen Zeiten haben geglaubt, im Winter sei die Natur erstorben. Der Mensch von heute, der überall Schaffen und Wirken sieht, weiß, daß der Herbst und Winter kein Sterben ist, sondern ein Zur-Ruhe-Gehen. Winter bedeutet nicht Tod, sondern nur Schlaf.

Totensonntag

Trüb und grauverhangen ist der Tag.
Die Wolken hängen auf die Erde fast,
als tragen sie gewalt'ge Bergeslast.
Der Himmel hat sein Angesicht verhüllt,
vor allem Jammer, der die Welt erfüllt,
Und öfter fallen kalte Regenschauer.
So recht ein Tag zur Klage und zur Trauer.

Bleiern liegt vor mir die weite Erde.
Die Luft ist schwer von den vergoss'nen Tränen.
Des Windes Rauschen klingt für mich wie Stöhnen,
wie Seufzen aller wunden Menschenherzen,
die heute unter tausendfachen Schmerzen,
Tage des Verlierens frisch durchleben.
Tiefem Leid von neuem hingegeben.

Ich sitze still an einem Grabe,
Erinnerung bewegt mich sehr.
Und vom Kapellchen klingen her,
halb verwehte, dumpfe Glockenklänge
mischen sich in leise Grabgesänge,
derer, die im gleichen Schmerz sich einen,
und die Verstorbenen beweinen.

Nur ein Maikäfer

Jetzt, nach vielen Jahren, erfüllt mich das Gedenken an ein kleines Tier nicht mehr mit solcher Wehmut. Ich war noch ein kleines Mädchen, als es zu Tode kam.

Max war ein Maikäfer, und er war mein Freund. Er hatte seine Behausung in einem durchlöcherten Schuhkarton, der auf meinem Nachttisch stand. Den Deckel des Kartons hatte ich durch eine Glasscheibe ersetzt. So bekam er Licht, und ich konnte ihn beobachten. Seine Unterkunft war mit Blättern gefüllt, die ich täglich von der Birke in unserem Hof pflückte. Mein Freund hatte es gut, und sicher fühlte er sich auch wohl. Max war so schön wie ein Schokoladenkäfer. Er war ganz braun und schwarz. Wenn ich ihn in meine Handfläche setzte, bewegte er die kleinen Beine. Das kribbelte angenehm. Dann krabbelte er den Arm entlang, bis er anhielt, sich aufpumpte und die Flügel spreizte. Er flog brummend los, um nach kurzem Flug im Zimmer irgendwo aufzuplumpsen. Dann hob ich ihn behutsam auf, streichelte meinen Freund und setzte ihn wieder auf sein Blattlager. Ich legte die Scheibe auf – bis auf einen kleinen Spalt – damit er Luft bekam.

So verlebten Max und ich eine schöne, gemeinsame Zeit bis – ja, bis das schreckliche Unglück geschah.

Es war ein herrlicher Sonntag. Eine Fahrt ins Grüne war geplant. Vermutlich hatte ich nach Maxens Morgenausflug beim Auflegen der Platte den Spalt etwas zu groß bemessen, so daß der Käfer sich hindurchzwängen konnte. Anders hätte das Unglück wohl kaum geschehen können.

Als wir abends zurückkamen, ging ich gleich in mein Zimmer, um Max zu begrüßen. Aber nach ein paar Schritten knirschte es unter meinem Fuß. Ich wußte sofort, was geschehen war und brach in Tränen aus. Meine Eltern kamen herbei, doch meinem Freund konnte keiner mehr helfen. Die Eltern trösteten mich, und gemeinsam trugen wir Max in einer Schachtel zu Grabe. Unter der grünen Birke fand mein kleiner Freund seine letzte Ruhe.

An jenem Abend hatte ich keinen Appetit beim Abendbrot und überließ mich meinem stillen Kummer. Mein Vater versuchte zwar, mich mit dem Gedanken zu trösten, Max sei ja nur ein Maikäfer gewesen, dem sowieso nur ein kurzes Leben bestimmt war. Er schlug mir vor, da es ja schon Juni war, Max durch einen Junikäfer zu ersetzen. Doch einen Junikäfer wollte ich nicht. Die waren nicht so groß und nicht so schön.

Und für Max war irgendein Junikäfer kein Ersatz.

Meines Kindes Gemüt

Dem heiter schönen Maientage gleich
ist meines Kindes sonniges Gemüt,
das auch am grauen Regentage
die Sonne hinter Wolken sieht.

Es macht mit seinem frohen Lachen
die trüben Tage hell und licht.
Doch kommt einmal ein Regenschauer, –
von langer Dauer ist er nicht.

Mit seinen strahlend blauen Augen
lacht es mir sorglos, fröhlich zu.
Selbst ich vergesse Kümmernisse,
hab für den Alltag wieder Mut.

Jede Träne,
die geweint,
bringt ihre Frucht
zu ihrer Zeit.

ANNE-SOFIE BACK

DIE LEIDEN DER ZEIT vergehn,
doch nimmer wird verwehn
der Same, der darin gelegt.

ROSEN ZUHAUF,
sie sollen für Dich blühen!
Sie sagen Dir,
daß es noch anderes gibt
als Arbeit und Mühen.

Es gibt Freude,
auch Liebe und Verstehen,
schöne Stunden.
Und es gibt gute Menschen,
die Dich gerne mögen.

WER WEISS, WAS BRINGT DER MORGEN?

Wer weiß, was bringt der Morgen,
es heute in mir klingt!
Ist's Freude, sind es Sorgen?
Ob alles gut geht oder mir mißlingt?

Wer weiß, was bringt der Morgen?
Ach, laß das viele Grübeln sein.
In einer höh'ren Macht du bist geborgen.
Ein echter Christ steht nicht allein!

Karl-Friedrich von Houwald,
Berlin-Halensee, den 9.5.43

Mein Bruder schrieb dieses Gedicht vor seinem Auszug ins Feld. Er verstarb Ende Februar 1945 in sowjetischer Gefangenschaft.

Mario Horchler

Heidrun Hahne

Im Raume beleuchtend

Gewiß, der Raum ist weit, ja er erstreckt sich sogar ins Unendliche. Die Existenz dieser Materie versetzt den Menschen in eine erstaunliche Forscherakzeptanz. Sein Horizont weitet sich, er tauscht Erfahrungen aus und knüpft an sie an. Dabei wendet er sachlich und schlicht, tiefgründig und sorgsam das Erworbene in der Praxis an, was ihm sein Beruf ermöglicht. Der Wissenschaftler handelt nach Punkten seines Planes, den er sich ausgearbeitet und durchdiskutiert hat. Schritt für Schritt offenbart er sich Neues, engagiert sich, ist rechter Dinge.

Ihm schwebt etwas vor, er hat Phantasie, widmet sich Speziellerem, vergleicht. Sonnenstrahl in der Natur, Linie in der Mathematik: eine Strecke begrenzt durch zwei Punkte, Raum – Sinn.

Zwei Vögel fliegen parallel, einander Richtung weisend durch den Raum. Sie überqueren das unter ihnen Liegende, bewegen sich durch die Luft, die es ihnen gewährt, an ein Ziel zu gelangen. Der erste Teilbereich wird hinter sich gelassen, um dann den weiteren Bezugspunkt zu erreichen. Hier zeigt sich eine zu betrachtende Lageveränderung von da nach dort. Die Fläche ist materiell, die Ebene ist weit und in der Materie. So zu verstehen, als daß Niveau erhoben wird, mit dem Bestreben, eine konstante Natürlichkeit an den Tag zu legen. Basis bleibt das Universum, das die Erde umgibt, Raum im weitesten Sinne. Dieser hiesige Planet hat eine Kugelform, seine Farbe ist vornehmlich blau. Daher der blaue Planet genannt.

Die Längen der festen Körper sind begrenzt. Der Raum ist erforschbar. Die Technik vervollkommnet sich. Die Zeit dehnt die Arbeiten.

Leben mit Phantasie

Minute um Minute verging. Gleichmäßig setzte der Atem ein. Menschen waren wohlgemut. Die Achtung voreinander wuchs. Prägnant war eine gediegene Kultur.

Die Wohnungen waren es wert, ein teilnehmendes Leben zu führen. Die Nächte hüllten ein, Vorhänge strahlten Angenehmes aus. Die Sterne prangten am Himmelszelt.

Die Tiere waren von Anmut und Schönheit erfüllt. Wärme als auch Geborgenheit im ständigen Wechsel der Jahreszeiten bemerkte man. Sitzen und Stehen lösten einander ab. Die Kunst des Verstehens gab dem Raum Ergänzungen. Zu genießen war die Schönheit der Welt. Naturell widmete sich der Mensch übrigens mit Sinn für das weit gefächerte Spektrum, dem wahren Schöpfertum. Impulse taten gut.

> Literatur verändert die Welt
> und fördert das Ästhetische.

Das Volk ist gelehrig. Darum ist es notwendig, daß Gelehrte da sind, die auf die Menschen einwirken, sie beeinflussen und romantisch zur Tat animieren. Der Sozialismus ist ein Traum. Die Beweggründe des Menschen zu erfassen, führt zur Schreibarbeit. Dies verlangt Dialektik. Man kann sagen, daß die Aufarbeitung der literarischen Geschichte aufzufassen ist als Hinwendung zu gegenwärtigem wahren Kunstgenuß.

Die Erde ist rund, die Länder auf ihr sind verschieden und überall zeitigen sich Tendenzen auf, wo Schriftsteller am Werke sind, die die Verpflichtung sich auferlegt haben, progressiv zu wirken, ihrem Schaffensdrang nachzukommen. Die Epoche ist mit dem Neuen verbunden. Fortschritt stellt sich ein.

Aufsuchen zum Zwecke der Beständigkeit

Je schöner der Anzusprechende bewußt im Inbegriff der Weite, mit kluger Reaktion verstehen lernt, auf richtige Weise zum Gelingen beizutragen, desto umfangreicher ist sein Handeln auf intellektueller Basis zu bewerten. Der Redner wirkt auf das geistige Potential der Anwesenden mit objektiver Tragweite geflissentlich ein, zum Wohlergehen des Menschen. Es ist an den Tag zu legen, daß es gilt, die Idylle mit genüßlicher Einflußnahme zu verwerten. Der Tau ist frisch, die Sonne wärmt und überglitzert das Feuchte auf den Blättern der Anwachsungen des Weges.

Ob man nun ein literarisches Werk, motivierend ins eigene Wesen zu lesen meint, ob die Tugend hierin dem Wunsche Freizügigkeit gegebenenfalls dem beizupflichten ist, dem Raume der vielfarbenen Reflexion mitsamt historischen Stilebenen des gesamten Detailierens mit einem programmatischen Wandel zu reflektieren, ist ein sich hervortretender Bezug zur Wirklichkeit. So gesehen ist mit dem stückweisen ins Zeitliche insbesondere zu erheischende vor einer natürlich so reinen Kenntnisanreicherung zu rechnen.

Die gedehnten Gewässer dienen der erholenden Insichaufnahme von schönen Gegenden mit dem Gefährt, dem Boot, das mit Wasser umgeben ist.

Das saubere Eindringen mit offenen Augen und Sachverstand, vom Umrissenden zum Konkreten bis hin zum Abstrakten ist Aufgabe und Hinwendung des Künstlers, dem es gediegen ist, die Umwelt aus einer sicheren Position zu aktualisieren, mit Blick zum Zurückliegend-Vergänglichen zur lichten Offenbarung einer Vision in die Zukunft.

Von der Wahrheit

Ruhm
ist viel wert. Ihn zu erlangen, ist eine Tugend. Das Schreiben bezeichne ich als ein Ideal. Es kündet von der Wahrheit, von der Schönheit der Welt.

Besinnung

Frieden – welch ein herrlicher Zustand. Ich denke an die Jahreszeiten, an blühende Prachten, an Kinder, vorüberziehende Wolken, Weite, an die Kunst, die für die Würde da ist, ans Spektrum von Farben und Phantasie. Das ist ein ständiger Rhythmus. Es umgibt mich die Natur des Positiven.

Die Kultur der Moderne

Wenn man bemüht ist, auf der Grundlage des historischen Materialismus die Kunst zu erdenken, ist man auf dem richtigen Weg. So hatten es die Gelehrten des Fortschritts prognostiziert, was sich im Alltag erweist. Drum ist es erwiesen, wie man mit aller Akribie darangeht, die vielfarbenen Formen von meisterhafter Hand zu würdigen. Das verlangt sowohl vom Betrachter als auch vom Ausführenden eine positiv lebensbejahende moralische Haltung. Die Dialektik ist die richtige Methode des Herangehens an die Stilistiken der Kultur der Moderne. Man gelangt dabei zu neuen Konzeptionen, die dahin führen, die unterschiedliche Fülle von Materialien und Klängen kulturell zu erfassen. Das dabei Einflüsse aus dem täglichen Leben mit eingebracht werden, ist notwendig.

Der Tage Lauf weist mir den Sinn

Der Wechsel der Jahre, vieles tat sich kund, Geräusche ertönen, aufbegehren, liebend den Frieden, die Weisheit der Tiere beachtend – der Holzhacker ist gewandt. Ich arbeite an mir selbst. Die Jahreszeiten verändern das Antlitz der Welt zum schönen Testen von Erreichtem. In Frieden und Harmonie. Aufstieg, um sich selber zu erkennen. Hinwendung – Maximen meines Lebens.

Pflegen der Harmonie

Im Rahmen der Bedingungen ist das Engagement vorhanden, einen Beitrag zu leisten, der sich lohnt und würdig ist, genannt zu sein. Meine Denkweise fußt auf materialistischer Herkunft. Und das Übermitteln liegt mir zu Grunde. Summa summarum vom Wahren ausgehend, stelle ich fest, daß Kulturstandpunkte gefragt sind. Zeit, Uhren, vorwärts, das Klima wechselt, in Gespräche vertieft, mehrend die Kenntnisse, lobt sich die Arbeiterschaft einher, welche Neuerungen einführen, die Produktivität steigern. Die Masse – Übersicht wahrend, mit Blick für das Konkrete, das Antlitz schätzend, spricht mein Interesse an.
Die Wege sind verschieden und man geht sie. Behagen tut gut, vom Erzählen angeregt, nehmen sie sich die Zeit für die Phantasie, sind es die Hinwendungen, die sich hervortun, um neugierig ans Werk zu gehen, um sich zu achten, menschlich zu sein, etwas fürs Bewußtsein zu vollbringen, rechtmäßig zu handeln.
Behutsam nutze ich die Tage, flächenmäßig obendrein, bin mir im klaren, im Getöse mein Eigen zu wahren. Die Materie zu untersuchen, was doch mein Bedürfnis ist.
Harmonie feststellend ist doch Freude da, die von innerem Bewegtsein kündet. Anlaß zur Selbstbekenntnis. Die Augen lachen, welch ein Grundzug – das Glück ist mir hold. Angenehmes Kalkül. Ich nehme es wahr.

Ilka Bischoff

Rosemarie Schnarke

ICH SAGTE DIR:
Ich könnte dich umarmen!
Da fragtest du mich: Wann?

Ich flüsterte:
Ich könnt dich küssen...
Und du fragtest mich: Wann?

Ich hauchte leis:
Ich liebe dich –
Du fragtest wieder: Wann?

Da nahmst du mich in deinen Arm
Und küßtest mich.
Du hauchtest leis: Ich liebe dich –
Und wußtest, wann.

21. 4. 1994

WENN ICH IM TRAUM mich sehe,
träum ich, daß ich gehe.
Man sieht mir ins Gesicht, nicht
auf die Räder,
und ich bin endlich mal
wie jeder.

Wenn ich aus dem Traum erwache,
weine ich nicht mehr – ich lache.
Ich könnt dem HERRN die
Füße küssen
dafür, nicht wie alle sein
zu müssen.

17. 1. 1998

Wie Peter den Schnee suchte

Peter saß am Küchenfenster und sah auf die Straße. Er dachte an Weihnachten. Es war nur noch eine Woche bis dahin, aber Peter war traurig, denn es regnete schon seit Tagen wie aus Eimern. Auch die Menschen auf der Straße hatten traurige Gesichter. Peter begann Regenschirme zu zählen: Eins, zwei …, vier, fünf …, sieben …, zehn, elf … Er gab es auf, es wären zu viele.

„Aber wo ist eigentlich der Schnee?" – fragte er plötzlich.

„Kind!" – die Mutter war erschrocken.

„Ja – wo ist der Schnee!?" Die Mutter stellte das Bügeleisen ab und überlegte.

„Tja, der Schnee …, wo …, der Schnee … Das weiß ich eigentlich auch nicht. Frag doch mal den Papa."

Peter sah wieder aus dem Fenster. Ein älterer Mann fuchtelte wild mit den Armen. Er schien einem Auto wütend hinterher zu schimpfen. Dann bückte er sich, schlug sich mit den Händen gegen die Hosenbeine, richtete sich wieder auf, schimpfte noch einmal und verschwand dann hinter einer Häuserecke. Peter wandte sich wieder der Mutter zu:

„Wann kommt Papa?"

„Er wird spät kommen" – antwortete die Mutter.

„Wie spät? Schlaf ich da schon?"

„Vielleicht."

Von neuem sah Peter aus dem Fenster. Warum hatte er überhaupt gefragt? Es war ja immer so. Wenn er morgens aufstand, war der Vater meist schon weg, und er kam erst wieder, wenn Peter längst schlief. Aber gleich morgen würde er Kati fragen. Kati war seine Freundin.

Am nächsten Tag hatte es Peter sehr eilig, in die Schule zu kommen. Hastig frühstückte er die vorgeschriebene Menge Cornflakes, entriß der Mutter sein Pausenbrot und verschwand durch die Tür, noch ehe die Mutter ihm die üblichen Verhaltensmaßregeln aufzählen konnte. Peter wollte unbedingt vor Kati am Schultor sein. Er wollte mit ihr gemeinsam in die Klasse gehen, um ihr noch vor dem Unterricht von seinem großen Problem erzählen zu können.

Als er ankam, sah er auf dem Schulhof nur ein paar große Schüler umherlaufen. Peter war erleichtert und hockte sich wartend an den rechten Pfosten des mächtigen Schultores. Nach und nach kamen immer mehr Schüler, und bald wurde es richtig voll auf dem Schulgelände. Um Kati nicht zu übersehen, stand Peter jetzt auf und schaute sich nach ihr um.

„Kati!" – er hatte sie entdeckt.

„Peter, was ..."

„Kati – ich muß dich unbedingt was fragen! Es ist nämlich, weil ... Meine Mutter weiß auch nicht, und mein Papa war ja nicht da, und da wollte ich ..."

„Peter – was ist denn los!?" Sie nahm ihn an den Armen und schüttelte ihn sanft.

Plötzlich stand er wie erstarrt, und seine Blicke durchbohrten sie, als er eindringlich fragte: „Wo ist der Schnee?"

Kati war verblüfft. Sie wußte nicht, was sie antworten sollte. Aber sie kannte Peter gut. Sie wußte, diese Frage war kein Scherz. Es war ihm ernst damit.

Peter blickte angestrengt auf den Boden. Sein Körper war bis in jede Fingerspitze hin angespannt. Mit keiner Bewegung wollte er Katis Nachdenklichkeit stören. Aber er war jetzt ruhiger. Er war jetzt nicht mehr allein mit seinem Problem. Kati war da, und das gab ihm Hoffnung.

„Komm" – unterbrach Kati das Schweigen – „wir werden Frau Pape fragen."

Sie nahm Peter an die Hand, und gemeinsam gingen sie ins Schulhaus.

Als sie in die Klasse traten, klingelte es bereits. Beinahe wären sie zu spät gekommen. Eilig setzten sie sich auf ihre Plätze und holten Bücher, Hefte und Federtaschen aus ihren Schulranzen. Dann begann der Unterricht.

Peter sah wieder einmal aus dem Fenster. Von seinem Platz aus konnte er den ganzen Schulhof übersehen. Die beiden mächtigen Linden vor dem Haus sahen ohne ihre Blätter aus, wie alte, glatzköpfige Männer. Herr Direktor Schmidtbauer hatte auch eine Glatze. Der war ja auch schon ziemlich alt. Bestimmt über vierzig. Peter war neun Jahre alt und ging in die dritte Klasse. Frau Pape war seine Lehrerin. Würde sie ihm helfen können? Vorsichtig zog er aus seinem Heft ein Foto. Er hatte es am Abend vorher in einem Album seiner

Eltern entdeckt. Seine Mutter und sein Vater waren darauf, und sie machten eine Schneeballschlacht vor dem Haus, in dem er jetzt mit ihnen wohnte. Aber das war schon Jahre her, Peter war noch nicht geboren …

Ein dumpfer Schlag traf Peters Oberarm. Erschrocken sah er Kati an, die warnend mit dem Kopf zur Tafel deutete.

„Peter, sprichst du heute nicht mit uns?"

„Doch, Frau Pape!" Er mochte die Lehrerin und wollte sie nicht verärgern. Blitzschnell saß er kerzengerade auf seinem Stuhl.

„Möchtest du uns vielleicht erzählen, woran du gedacht hast?" – fragte Frau Pape und ging langsam auf Peter zu. Vor seiner Bank blieb sie stehen. Peter blickte schüchtern zu ihr auf. Da knuffte ihn Kati abermals, und als er sie kurz ansah, mahnten ihn ihre Augen: Nun sag schon. Da stand Peter auf, schaute Frau Pape fest ins Gesicht und formulierte gedehnt, so als müßte er sich konzentrieren: „Ich – suche – den – Schnee!" Plötzlich begann ein heftiges Gemurmel. Einige kicherten. Frau Papes fragender Blick lag erst auf Peter und wanderte dann durch die Klasse.

„Ruhe bitte! Nicht so laut, Kinder!"

Peter stand immer noch. Er fühlte die Augen seiner Mitschüler auf sich gerichtet, vernahm ihr Tuscheln und leises Gelächter.

Frau Pape ging zurück zum Lehrertisch.

„Möchte jemand etwas dazu sagen?"

Jana, die Klassensprecherin, meldete sich.

„Bitte" – sagte Frau Pape.

„Wenn Peter wissen will, wo der Schnee ist, dann soll er doch mal seinen Vater fragen!" „Wieso mein Vater? Was hat mein Papa damit zu tun?" Peter verstand nicht.

„Na, weißt du denn nicht, was dein Papa macht?" – zischte Jana.

Peter bekam feuchte Hände. Er kam sich vor, wie ein Angeklagter vor Gericht. „Wie meinst du das?" – wollte nun auch Frau Pape wissen.

Jana stand auf, warf Peter einen vernichtenden Blick zu und wendete dann ihr Gesicht demonstrativ von ihm ab, der Lehrerin zu.

„Peters Vater ist ein Umweltverschmutzer. Er arbeitet in der chemischen Forschung. Und die Chemie zerstört unsere Umwelt und führt zu Klimaveränderungen."

Kati war empört: „Alte Streberschnepfe!" – fauchte sie Jana an. „Was weißt du denn schon! Was ist denn dein Vater?"

„Na, Arzt ..." – kam kleinlaut die Antwort.

„Aha! Und da braucht er wohl keine Chemie, was?" – fragte Kati angriffslustig. Sie spürte, wie Jana unsicher wurde, und genoß es. Sie ließ ihre Gegnerin zappeln, zermürbte sie mit einem starren, zornigen Blick.

„Es ist nämlich so, daß Peters Vater nicht in irgendeiner chemischen Forschung arbeitet, sondern in der pharmazeutischen Forschung. Und er entwickelt dort die Medikamente, die dein Vater braucht, um seine Patienten zu heilen, du ..."

Peter nahm Katis Hand, und sie schluckte runter, was sie noch sagen wollte.

Peter war sehr nachdenklich geworden. Woher wußte Kati all das über seinen Vater? Er hatte es nicht gewußt.

Peter erinnerte sich.

Bilder zogen an ihm vorüber. Er sah, wie sein Vater ihn mit Schokolade fütterte, als er noch im Laufgitter stand. Er sah sich auf seinen Schultern lachend durch den Zoo reiten. Er sah sich bei den ersten Schwimmversuchen als Fünfjähriger, bei denen der Vater ihn an den Hüften über Wasser hielt. Sie waren zusammen über Wiesen und Felder gewandert, hatten Bucheckern und Sauerampfer gegessen, selbst gebaute Drachen steigen lassen, Schneemänner gebaut ... Plötzlich wurden die Bilder undeutlich, Peter konnte sie nicht mehr festhalten ..., sie fielen ihm einfach durcheinander. Aber er wollte sie zurückholen. Er schloß ganz fest die Augen, preßte die Lippen zusammen, bohrte seine Fäuste noch tiefer in die Hosentaschen.

Das schrille Läuten der Schulglocke ließ ihn jäh zusammenfahren. Peters Herz schlug laut und schnell, als er allmählich zur Besinnung kam. Mit mechanischen Bewegungen räumte er ordentlich seine Hefte und Bücher unter die Bank, hängte seinen Schulranzen an den dafür vorgesehenen Haken und verließ, begleitet von den verwunderten Blicken seiner Mitschüler, die Klasse.

Den Rest des Unterrichts an diesem Tag versäumte Peter unentschuldigt. Zum ersten Mal schwänzte er, und er hatte wohl nicht einmal ein schlechtes Gewissen dabei. Es war keine Zeit dazu, denn

Peter war angestrengt beschäftigt mit Nachdenken, mit Grübeln, mit Erinnern …

Ziellos schlenderte er durch die stillen Straßen der Vorstadt. Er begann zu frieren, und erst jetzt fiel ihm auf, daß er seine Jacke vergessen hatte. Er überlegte kurz und rannte dann, so schnell er konnte, nach Hause.

Dort angekommen, lief Peter zielgerichtet zum Arbeitszimmer des Vaters. Es war ihm verboten, sich darin allein aufzuhalten, aber nicht zuletzt deshalb zog es ihn heute in diesen Raum.

Als er die Tür einen Spalt weit geöffnet hatte, erblickte er zuerst die große Bücherwand. Mit der Schulter schob er die Tür nun weiter auf, bis er schließlich ganz im Zimmer stand. Peter sah sich darin um mit einem Gefühl, als wäre er zum ersten Mal hier. Mitten im Zimmer stand der massive Holzschreibtisch des Vaters und dahinter der lederne Ohrensessel. Das matte Licht dieses Wintertages fiel durch das breite Fenster auf die blank polierte Tischplatte. Peter atmete tief ein und ließ die Luft geräuschvoll wieder entweichen – er mochte den Duft dieses Zimmers.

Peter ließ den Tisch nicht aus den Augen, als er bedächtig auf ihn zuschritt, um ihn herumging und sich dann sacht in das weiche, kalte Polster sinken ließ. Er öffnete das schwere Mittelschub, direkt vor seiner Brust, und fand darin Schreibpapier und einen Füllhalter. Vorsichtig nahm er ein Blatt heraus und schob das Fach wieder zu.

Halb links vor Peter, neben der modernen Leselampe, stand ein kleines Radio. Peter schaltete es ein, korrigierte die Tonschärfe mit dem Regler und schaute dann eine ganze Weile auf das weiße Blatt. Plötzlich griff er nach dem offenen Etui, das auf dem Schreibtisch lag, nahm einen Bleistift und schrieb: Lieber Papa …

Die Worte sprudelten nur so aus ihm heraus. Ohne zu stocken reihte er einen Gedanken an den anderen. Er erzählte seinem Vater von Erinnerungen und von Träumen, von Sorgen und Ängsten und je länger er schrieb, um so befreiter fühlte er sich. Aber Peter stellte auch Fragen. Er wollte wissen, was sein Vater arbeitete, warum sie schon so lange nicht mehr bei der Oma waren und wozu eigentlich ein Fußballverein eine Lizenz braucht.

Peter sah von seinem Blatt auf – er hatte es fast voll geschrieben. Einen Moment lang war er wie benommen. Wie von Ferne drang die Stimme des Radiosprechers an sein Ohr: „ ...bleibt es auch in den kommenden Tagen für die Jahreszeit zu warm, ...Regenwahrscheinlichkeit morgen 90 Prozent ... "

Da nahm Peter noch einmal den Bleistift und schrieb in großen Druckbuchstaben:
WO IST DER SCHNEE?

WIR TRÄUMEN unsere
Erinnerungen
   nebeneinander her
   wir leben unsere
   Träume
   aneinander vorbei
treffen wir uns
   begegnen
   wir uns nicht
   wirklich
   wir sind nicht
   allein
   schön
   schade

16. 8. 1997

Ich bin

Ich bin auf der Reise
und spüre ganz leise:
die störenden Schranken
geraten ins Wanken –

Ich fühle ein Beben,
beglückendes Streben!
Die Hoffnung heilt Wunden.
Ich seh mich geschunden,
doch als ich verzeihe,
verstummen die Schreie.

Ich bin auf der Reise
und spüre ganz leise
mein Frühlingserwachen –
und andere Sachen.

13. 9. 1996

Mein Leben ist schön, weil ich es sehe.
Du bist bei mir, weil ich nicht gehe.
Ich habe Träume, weil ich sie finde.
Nichts kann sich trennen, das ich nicht binde.

Mein Leben ist bunt, weil ich es will.
Wollt ihr mich leise, dann bin ich schrill.
Wollt ihr mich laut, dann bin ich leise.
Ich bin bei mir, und das ist weise.

31. 7. 1996

Der Wetterfrosch

Es war einmal ein Wetterfrosch,
der redete von Sonne –
als sein Lebenslicht erlosch
in einer Regentonne.

Er hatte diesmal nicht geirrt,
das kam ihm in die Quere.
Da war er nur noch kurz verwirrt
und stürzte ab – ins Leere.

24. 8. 1997

Liebe im Auto oder Die vierte Dimension

Wir sitzen
Nebeneinander
Und rauchen.
Meine Zigaretten –
Wie immer.
Du siehst mich
Nicht an, aber
Ich weiß, daß
Du lächelst.
Ich träume
Mit offenen Augen
Mich an deinen Körper
Und in dein Herz.
Aber die Dunkelheit dieser
Unserer Nacht
Kann nicht ändern,
Daß ich wach bin.

25. 1. 1997

ICH LIEBE DICH
und fürchte mich.
Traum ausgeträumt,
Zweifel ausgeräumt.

Berühre mich!
Ich liebe dich. –
Gefühl geweckt,
Wunden geleckt.

Ich liebe dich
und wehre mich.
Annahme verweigert –
Reingesteigert.

1. 9. 1997

FÜR M.

Deine
Gegenwart
berührt meine Vergangenheit.
Unsere Zukunft
ist ungewiß.
Meine Gegenwart wird
ein Teil deiner
Vergangenheit sein,
wenn deine Zukunft
meine Gegenwart
erträgt.

25. 10. 1997

DIE MÜDIGKEIT nach
sinnerfülltem Tage
beschert mir unvergleichlich
Lebensglück.
Denn keines andern Menschen
noch so liebevolle Gabe
bringt mir wie sie
mein Selbstgefühl zurück.

17. 1. 1998

ICH SUCHE NACH MEINEM GLEICHGEWICHT
und schreibe wieder ein Gedicht.
Träume von dir –
kann es nicht sagen.
Sehnsucht in mir
und viele Fragen.

Hör deine Stimme, seh dein Gesicht.
In meinem Dunkel bist du ein Licht.
Angst in mir –
Kindliche Liebe.
Zweifel in dir,
die ich verschiebe.

So schreibe ich an meinem Gedicht
und finde mein inneres Gleichgewicht.
Öffne mich.
Stell mich den Fragen.
Ich liebe dich –
und kann es sagen.

1. 9. 1997

ICH SUCHTE die
Bilder meiner Vergangenheit.
Als ich sie gefunden
hatte, hielt ich meine
Zukunft in den Händen
und stellte fest, daß man
auch rückwärts gehend
vorwärts kommt.

17. 1. 1998

ICH TRÄUME IMMERFORT
von deinen schwarzen Haaren.
Doch nicht nur davon,
weil noch andre Stellen waren,
wohin mein Haupt zu betten ich ersehne,
während ich einsam hier
in meinem Lehnstuhl lehne.

21 .1. 1997

Annex

Dorothea Brands

Anstelle eines Nachwortes

Rollstuhlfahrer, die aus der Höhe einer Gürtelschnalle auf unsere gemeinsamen Lebensräume blicken, haben ihre besondere Sicht auf die Welt. Sie sind der Erde, den Blumen und Gräsern näher, ihre Sinne sind aufgeschlossen für Details, ihr scheinbar begrenzter Blick sieht genau und tief. Sie schreiben von ihren Sehnsüchten und Hoffnungen, schreiben über die Sonne und den Regen, über die Liebe und sich selbst. Darin sind sie wie andere Autoren auch. In einem Punkt jedoch unterscheiden sie sich: sie verlieren kein Wort der Klage über eigenes Leid. Vielleicht dürfen sie deshalb so humorvoll-sarkastisch oder mit ironischem Abstand all das beurteilen, was uns oft sinnlos umtreibt und nachdrücklich beschäftigt. Vielleicht aber ist es so, weil sie uns ein Stück voraus sind, weil sie schon allen Schmerz durchlitten haben, der uns noch bevorsteht.

Literatur von Behinderten? Nein, hier sprechen Mitmenschen zu uns, sensibel, aufgeschlossen, empfindsam und wach.

Autoren in Anthologien haben es meistens nicht leicht. Allzurasch verblaßt ihr einzelner Name vor der Summe aller Arbeiten. Auch in diesem Büchlein steht Unvollkommenes neben Gelungenem. Aber wenn sich in schlaflosen Nächten ungehorsame Muskeln und Gelenke, Schmerzen und spastische Hände gegen das Schreiben sperren, dann gilt der unmittelbare Gedanke auch einmal ohne ästhetischen Glanz. Die Feder wird vom Herzen geführt; aus den Zeilen blinkt wie ein Segel der Hoffnung die Gewißheit, daß wir einander annehmen und verstehen.

Diese Worte von Manfred Richter, aus dem Vorwort der wenig verbreiteten 1. Anthologie entnommen, sollen zur dritten Edition wiederholt sein: Man kann das Anliegen auch dieser Ausgabe kaum treffender formulieren.

Die erste Anthologie mit 10 Autoren erschien 1993 unter dem Titel „Suche Deinen Reichtum bei den Schwachen" in schöner Aufmachung aber dem etwas unbequemen A4-Format mit 86 Seiten. Im handlicheren Format (und identischer Größe zum vorliegenden Buch) und umfangreicher erschien die 2. Anthologie unter dem Titel „Die Heiligkeit des Vorhandenen" 1995 bei der „Edition K". 16 Autoren, die teilweise schon in der 1. Ausgabe anzutreffen waren, füllten die wiederum lesenswerte Ausgabe.

Die Volksweisheit „Aller guten Dinge sind drei" möge auch auf diese 3. Anthologie zutreffen; darüberhinaus aber durch guten Zuspruch der Leser künftige Fortsetzungen ermöglichen.

Die Autoren

Anne-Sofie Back wurde 1922 in Berlin geboren. Dort und auf der Insel Rügen verlebte sie eine glückliche Kindheit und Jugendzeit. Sie besuchte die Schule bis zum Abitur und wurde dann nach Arbeits- und Kriegshilfsdienst zur Wehrmacht als Helferin dienstverpflichtet. Nach dem Krieg kam sie durch Heirat nach Potsdam, das ihr zur zweiten Heimat wurde.

Schon früh erwachte ihr Interesse für Geschichte und ihre Liebe zu Büchern, aber erst vor 20 Jahren begann sie selbst zu schreiben. Ein Zufall führte sie im Herbst 1991 in den Literaturclub für Behinderte.

Ilka Bischoff kam 1969 mit einer angeborenen Querschnittslähmung zur Welt. 1986 verließ sie die Körperbehindertenschule in Birkenwerder und schloß 1988 erfolgreich eine Facharbeiterausbildung ab. Bis 1992 war sie zunächst Sachbearbeiterin im Großhandel, seit 1997 ist sie in der Arbeitsgemeinschaft Spina bifida und Hydrocepholus LV Brandenburg e.V. tätig, einem Verein für Eltern mit querschnittsgelähmten Kindern.

1987 schrieb Ilka Bischoff ihr erstes Gedicht. Im Herbst 1991 lernte sie den Literaturclub für Behinderte in Potsdam kennen und ist seit 1993 Mitglied.

Jörg Darmer wurde 1963 geboren. Seit der Geburt Spastiker, konnte er in einer Rehabilitationsausbildung Betriebsschlosser werden.

Aufgrund seiner leichten Sprechstörung begann er 1988 Gedichte und Kurzgeschichten zu schreiben. So gelingt es ihm besser, seine Gedanken anderen Menschen mitzuteilen, sie an seinem Leben teilhaben zu lassen und sich selbst über sich Klarheit zu verschaffen.

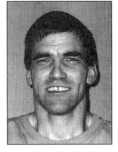

Rolf Gutsche erblickte 1963 in Zittau das Licht der Welt. Weil er so wißbegierig war, brachte seine Sprachheillehrerin ihm zunächst den Stoff der 1. Klasse bei. Bis zur 2. Klasse ging er in die Anstalt Hubertusburg in Wermsdorf. Bis zur 10. Klasse besuchte er dann die Körperbehindertenschule in Birkenwerder. Seit 1983 wohnt Rolf Gutsche in der Langzeiteinrichtung für körperbehinderte Erwachsene im Oberlinhaus Potsdam-Babelsberg und arbeitet derzeit als Lagerverwalter der Cafeteria im Oberlinhaus.

Seit 1982 schreibt er, was er als Sprachbehinderter besonders beherrscht.

Mario Horchler wurde 1961 in Neuruppin geboren. Nach dem Abschluß der Polytechnischen Oberschule lernte er Gärtner. Heute arbeitet er in einer geschützten Werkstatt in Potsdam.

Horst Jeck wurde 1937 in Potsdam geboren und wuchs als Einzelkind auf. Das Kriegsende erlebte er sehr bewußt, weshalb ihm Zerstörung und Ängste seit der Kindheit vertraut sind.

Seine Zweifel, oft gepaart mit Sarkasmus und Ironie, stammen sicher aus Quellen, die aus Erlebtem gespeist werden. Fatalismus ist für ihn aber nicht akzeptabel.

Lydia Kind wurde am 10. Juli 1921 in Nowawes, jetzt Babelsberg, geboren. Nach dem Schulabschluß wurde sie Rechtsanwaltsgehilfin, heirate 1941 und zog nach Braunschweig, wo auch ihr Sohn geboren wurde. Schon 1942 kam sie wieder nach Potsdam, 1958 verstarb hier ihr Mann.

Danach studierte und arbeitete sie als Ökonom im Gesundheitswesen.

Heike Kretzler wurde 1965 in Leipzig geboren wo sie auch ihre Kindheit, Schul- und Jugendzeit verbrachte. Da sie seit ihrer Geburt spastisch gelähmt ist, konnte sie zunächst nicht ihren seit der Kindheit gewünschten Beruf erlernen und wurde deshalb im Rehabilitationszentrum Erlabrunn Qualitätskontrolleurin. Noch vor der Wende 1989 zog sie nach Berlin, um selbständig zu leben und sich unter Aufbietung all ihres Willens ihren Berufswunsch „Erzieherin" zu erfüllen.

Seit 1986 schreibt sie ihre Gedanken, Träume und Gefühle auf und ist durch die erste Anthologie zum Literaturclub Potsdam gekommen, dem sie mittlerweile 4 Jahre angehört und der ihr sehr wichtig geworden ist.

Cordula Lange wurde blind 1968 in Brandenburg geboren. Von 1976 bis 1986 besuchte sie die Blindenschule in Königs Wusterhausen. Nach der 10. Klasse erlernte sie in Karl-Marx-Stadt (heute Chemnitz) den Beruf des Facharbeiters für Fernsprechtechnik. Von 1988 bis 1991 arbeitete sie im VEB Ingenieurbüro Bauwesen Potsdam. Seit 1992 ist sie im Landesumweltamt in Potsdam als Telefonistin tätig.

Sie hört gern Musik, treibt gern Sport und besucht seit 1997 den Literaturclub in Potsdam.

Katrin Lemke wurde am 29.1.1973 in Halle an der Saale, der ehemaligen Bezirksstadt in der DDR, geboren. Zur Zeit absolviert sie eine Ausbildung zur Bürokauffrau im Berufsbildungswerk des Oberlinhauses in Potsdam.

Das Interesse am Schreiben fand sie in ihrer Zeit während des Förderlehrganges in Bielefeld. Während ihrer Arbeit in der Potsdamer Werkstatt erfuhr sie von dem Literaturzirkel. Sie probierte verschiedene Arten des Schreiben aus; auch durch die Anregungen der anderen Mitstreiter kam sie auf neue Ideen, die sie schon in nächster Zeit literarisch umsetzen möchte.

Hedy Rönz wurde 1960 im thüringischen Arnstadt geboren. Nach der Ausbildung zur examinierten Krankenschwester folgte ein Studium zur Gesundheitsfürsorgerin mit dem Fachhochschulabschluß der Diplom-Sozialarbeiterin. Zunächst arbeitete sie mit chronisch Kranken und leitet gegenwärtig das Kinderbüro in Potsdam.

Schon als Kind galt ihr größtes Interesse der Literatur. 1977 schrieb sie ihr erstes Gedicht und fand damals in Erfurt, später in Potsdam Kontakt zu Gleichgesinnten. Die gemeinsame kritische Arbeit und das lebensbejahende Klima im Literaturklub geben ihr menschliche, geistige und literarische Bereicherung.

Annegret Sandrock (∗ 1936 † 1997) wurde nur etwas über 60 Jahre alt. Ihre ersten 10 Lebensjahre verbrachte sie auf der malerischen Pfaueninsel, wo sie ihre Pflegeeltern, das Gärtnerehepaar, zu Weltoffenheit und Achtung vor der Natur erzogen. Beruflich arbeitete sie in der Landwirtschaft und forschte in der Biologie. Durch eine Wirbelsäulenerkrankung 1976 aus dem Berufsleben gerissen, war ihr das Schreiben Selbsthilfe und Bedürfnis.

Helge Sauer wurde 1971 geboren, kommt aus Werder und wohnt seit 1993 in Werder.

Seine Texte sind zum größten Teil Liedtexte. Seit 1986 spielt er Gitarre und macht von Zeit zu Zeit auch Straßenmusik.

Brunhilde Weiße, geboren 1920, möchte nach Ihrem Leitsatz: „Erinnerungen sind das Paradies, aus dem man nicht vertrieben werden kann!" Geschichten ihres Lebens – Erinnerungen aufschreiben, um sie denen zu vermitteln, die neben ihr oder nach ihr leben. Damit wünscht sie sich, später nicht ganz so schnell vergessen zu werden. Zudem macht ihr das Schreiben sehr viel Freude und hilft ihr, mit manchen Schwierigkeiten des Lebens besser fertig zu werden.

Gerda Ziebell wurde 1928 in Pommern geboren. 1937 zog ihre Familie nach Babelsberg. Fast 44 Jahre war sie als Lehrerin tätig, einige Jahre arbeitete sie in der DEFA beim Kinderfilm. Lesen und Schreiben gehören zu ihrem Leben.

Seit 1997 gehört sie dem Literaturzirkel an; hier fand sie Gleichgesinnte. Das Schreiben und die Freundschaft sind Werte, die sie nie mehr missen möchte.

Der Literaturklub für Behinderte Potsdam

Am 19. April 1991 trafen sich – damals in der Freizeitstätte für Behinderte in der Potsdamer Lindenstraße – fünf Schreibbesessene. Keiner von ihnen wußte an jenem Nachmittag, daß diese Zusammenkunft die Geburtsstunde vom „Literaturklub für Behinderte" Potsdam war, zu dem inzwischen über zwanzig Mitglieder gehören, die zwischen 23 und 82 Jahren alt sind.

Zwei bis dreimal im Monat kommen sie zusammen, lesen ihre Texte, hören einander zu, suchen gemeinsam nach sprachlicher Formung ihrer Phantasie, ihrer Gefühle und Gedanken oder sie gehen auf Reisen, um in anderen Orten, in Kulturhäusern oder Schulen aus ihren literarischen Arbeiten zu lesen. Das alles sagt nichts aus über die körperlichen Mühen, die von spastischer Lähmung beeinträchtigte Finger aufbringen müssen, um eine Seite in den Computer zu schreiben. Nichts über die bewundernswerte Konzentration, die nötig ist, um trotz schwächer werdenden Augenlichts und zunehmender rheumatischer Schmerzen Gedichte aufzuschreiben. Gedichte und Geschichten, in denen über solche Anstrengungen nicht geklagt wird, die heiter sind und traurig, kritisch und poesievoll und gesellschaftliche Wirklichkeit aus einem besonderen Blickwinkel erzählen.

Alle, die im Literaturklub mitarbeiten, können sich ihr Leben ohne ihn nicht mehr vorstellen. Worüber vielerorts viele Worte geredet und viele Beschlüsse gefaßt werden, ist im Literaturklub für Behinderte längst heitere, alle beflügelnde Wirklichkeit: Integration. Seit Jahren gehören auch Menschen ohne Behinderungen zum Klub.

All denen, die den „Literaturklub für Behinderte" bisher mit Aufmerksamkeit, Achtung und mutmachender Hilfsbereitschaft unterstützten, gebührt herzlicher Dank. Ohne die Deutsche Bank, Stiftung Alfred Herhausen – „Hilfe zur Selbsthilfe", ohne das Ministerium für Wissenschaft, Forschung und Kultur des Landes Brandenburg, ohne das Kulturamt der Landeshauptstadt und ohne das „Haus der Begegnung" gäbe es mit diesem Buch nicht bereits die dritte Anthologie des Klubs.

Verein zur Förderung der Integration Behinderter e.V. Potsdam – Haus der Begegnung

Das »Haus der Begegnung« in der Potsdamer Gutenbergstraße, gebaut vom ›Verein zur Förderung der Integration Behinderter e.V.‹ mit dem erklärten Ziel, die Einbeziehung von Menschen mit Behinderungen in vielfältige soziokulturelle Veranstaltungen, in Bildungsangebote, in die aktive Teilnahme an Selbsthilfegruppen zu ermöglichen, ist angenommen worden. Seniorengruppen und kreative Kinderzirkel haben ihren Platz genauso gefunden, wie Zirkel für Malerei, Literatur, Videofilm und kreative Gestaltung, Studienzirkel der Volkshochschule und Tanzkurse. Ausstellungen zu Malerei, Grafik und Fotografie wechseln monatlich.

Im Haus wird getanzt, gelernt, geturnt, gebastelt, gefeiert, gesungen und musiziert oder einfach nur geredet. Es gehört inzwischen zum Leben der Potsdamer Innenstadt. Zum Ende des Jahres 1997 standen schon nahezu 800 Veranstaltungen mit mehr als 15 000 Besuchern zu Buche. Prominente Gäste überzeugten sich von der Notwendigkeit einer solchen Einrichtung genauso, wie zufällige Gäste und neugierige Touristen. Studenten aus aller Herren Länder kamen, schwedische und finnische Kommunalpolitiker statteten dem Haus ihren Besuch ab, die Foren zur Behindertenpolitik haben eine neue feste Adresse. Ein Pflegezentrum, eine Musikkneipe, eine behindertengerechte Sauna und ein Laden für Rehabilitationshilfen gehören zum Haus und haben sich im Leben der Menschen etabliert.

Malzirkel im Haus der Begegnung

Seit September 1992 treffen sich jeden Mittwoch behinderte und nichtbehinderte Menschen verschiedener Altersgruppen zum wöchentlichen Gedankenaustausch. Die derzeit neun Mitglieder des Zirkels probieren sich in den verschiedenen Maltechniken und Genres aus. In den sechs Jahren Zirkelarbeit sind viele schöne Werke entstanden – Bilder in Öl und Aquarell, Pastell und Kohle, Federzeichnungen und Lavierungen.

In bisher fünf Ausstellungen konnten die »Maler« ihre Arbeiten der Potsdamer Öffentlichkeit erfolgreich präsentieren; die Mitarbeit an diesem Buch ist erst-, aber hoffentlich nicht einmalig.

Abschied – Zweifel

Abschied	20	Der glückliche Mann	120
Abgesetzt	67	Der graue Himmel	39
Afrika	40	Der Herbst	43
Ahnung	49	Der Kobold und seine Muse	155
Alt und jung	111	Der letzte Apfel am Baum	152
Am Fenster	48	Der Mensch und die Zeituhr	24
An Dich	53	Der Nachbar	108
An Mama	53	Der Peter läuft	33
Andere Begegnung	36	Der Schmerz	40
Angst	45	Der Sonne entgegen	54
Anne und Jan	121	Der Tage Lauf weist mir den Sinn	168
Aphorismen	33	Der Texter	100
Astronaut	148	Der Traum	18
Aufsuchen zum Zwecke der Beständigkeit	165	Der Wetterfrosch	178
Augen	43	Deutsche Bomben	154
Augenblicke	36	Die Bank	100
Ballade	142	Die Birke	135
Bei ihr	19	Die deutsche Vergangenheit	154
Bei Neureichs	28	Die dunkle Stille	37
Bekenntnis	44	Die Fortbewegung	29
Berührung	37	Die Kultur der Moderne	167
Besinnung	167	Die Leiden der Zeit	162
Betreten verboten - Herzlich willkommen	49	Die Liebe	17
Bettler	143	Die Liebe II	16
Chaos	107	Die Liebe lässt mich schweben	20
Das Dümmste	56	Die Linde in unserem Garten	13
Das Gegenüber	30	Die Müdigkeit	180
Das gesprochene Wort	27	Die Reise ins Schlaraffenland	126
Das Ginkgoblatt	133	Die Zauberringe	127
Das Mädchen aus Böhmen	21	Die Zeit	84
Das Wiedersehen	40	Drachenwetter	70
Deine Hände	46	Du	66
Dem Sommer ist	38	Durch Dich	77
Den Kindern dieser Welt	41	Ein Blatt	32
Der Alleinunterhalter vom Anhalter Bahnhof	131	Ein kleiner Schmetterling	22
		Ein Lächeln	41
		Ein Sonnenblumenfeld	39
		Eindrücke	151
Der fliegende Weihnachtsbaum	119	Eine harte Nuss	59

Einsames Kind	105	Ich geb sie gern	46
Einsamkeit	70	Ich habe geglaubt	42
Elektrorollstuhlfahren	103	Ich habe mein Gesicht	44
Eltern	103	Ich lebe!	75
Er ist's	114	Ich liebe dich	179
Erinnerung	41	Ich sagte Dir	170
Erinnerung an Dich	77	Ich schwimme	101
Erinnerungen	125	Ich suche nach meinem	
Erwachen	45	Gleichgewicht	180
Es ist nicht Schwer	149	Ich suchte	181
Es war einmal	151	Ich tanze	78
Familie Spatz	51	Ich träume immerfort	181
Familienschicksal	85	Ich wäre gern	19
Fest des Essens	73	Im Grau	49
Festival-Glück	80	Im Kuhstall	115
Freundschaft	116	Im Raume beleuchtend	164
Frühling auf der Insel	58	Im Wimpernschlag	66
Frühlingssturm	70	Ist es der Anfang einer Liebe?	80
Fünf Minuten Freude	117	Jede Träne	161
Für einen Freund	115	Kaltes Leben	79
Für M.	179	Kennt ihr sie?	75
Für Mary in Dar-Es-Salam	38	Kinder	76
Gänseblümchengeschichte	113	Klara	116
Gefrorener Acker	158	Knobi-Baguette	106
Gegensätze	61	Leben mit Phantasie	165
Geh' ich abends	17	Leben oder Sterben?	76
Geist der Wahrheit	64	Lebenslauf	82
Gisbert wispert	60	Lehrer Toepfer	139
Glücklich	81	Leise rauscht die See	17
Grau	37	Liebe im Auto oder die vierte	
Große Männer	156	Dimension	178
Haben wollen	145	Liebeserklärung	81
Halt mich	21	Loslassen	51
Heimat, Deine Sterne …	129	Manches verblaßt	39
Hermannswerder	72	Männer	147
Hilflos?	47	Mein Freund – der Baum	42
Hochmut	52	Mein Kachelofen	58
Hoffen	102	Mein Leben	177
Ich bin	177	Mein Licht	48
Ich bin verrückt oder verliebt?	81	Mein nächstes Leben	25
Ich bin voller Glück	75	Mein Weg	50
Ich bin voller Liebe	84	Meine kranke Geschichte	104
Ich bin wild auf Dich	105	Meine Liebe	46

Meine Seele	37	Unter dem milchblauen Himmel	41
Meine Sehnsucht teilen	40	Verirrt	36
Meine Tränen	42	Verliebt	44
Meine Träume	41	Verloren	43
Meines Kindes Gemüt	161	Vertrauen	57
Menschen	39	Verzeih!	45
Mief	101	Vieles wächst	46
Mitmenschliches	102	Vielfalt	26
Mona Lisa	118	Vom Wein	71
Mondnacht	79	Von der Wahrheit	167
Nachhilfen	63	Vor meinen Augen	40
Naturschauspiel	78	Wann?	51
Neujahr	83	Ware Leben	144
Niemals	47	Warum?	106
Nimm mich	50	Was bliebe	47
Novemberabend	12	Wassertropfen	49
Nur ein Maikäfer	160	Weihnacht – Jahresende	76
Ost oder West?	68	Weihnachtsschein	56
Pflegen der Harmonie	168	Wenn ich Dir sag	101
Rosen zuhauf	162	Wenn ich im Traum	170
Ruheplatz	38	Wer weiss, was bringt der Morgen?	162
Ruhestörung	68	Werk - un - stättliches	69
Sag, mein Freund	12	Wie gut	52
Schemenhaft	65	Wie Kasimir sich auf den Weg machte, sein eigenes Ich zu finden	153
Schicksal	64		
Seifenblasen	39	Wie Peter den Schnee suchte	171
Seit ich die Menschen liebe	79	Wir träumen	176
Sieh Dich nicht zu oft um	48	Wolkenreise	52
Sonnenstrahlen	47	Zeit	102
Sprüche	110	Zeit schenken	37
Sterben	83	Zum Abschied	147
Totensonntag	159	Zwei Tannen	29
Traurige Gedanken	48	Zweifel eines Schreibenden	62
Über den Weltgeist	62	87	146
Um Ostern	60	9. Februar 1945 – 1995	136

MärkischerVerlag Wilhelmshorst
aus der Mark — für die Mark

Thiel/Kretzschmar: Die nackte DEVA. Heitere und besinnliche Film-Anekdoten aus 50 Jahren DEFA-Geschichte mit Portrait-Karikaturen. Brosch. 195 S., ISBN 3-931329-12-7, 15 DM
In gleicher Ausstattung erschien:
Koban: Routine zerstört das Stück oder **Die Sau hat kein Theaterblut** - 50 Jahre Komische Oper Berlin. Humorvolle und interessante Ausschnitte aus Briefen und Vorstellungsberichten zu Inszenierungen an Felsensteins Musiktheater. 284 S., zahlr. (tlw. farb.) Abb. Brosch. ISBN 3-931329-13-5, 24,90 DM

Wilhelmshorster - Carl Steinhoff: 7 italienische Novellen. Vom ersten Ministerpräsidenten Brandenburgs übersetzt. Anhang zu seinem Leben und Wirken. Mit Zeichnungen von Manfred Rößler. Harteinb. 212 S., ISBN 3-931329-02-X, 23 DM
In gleicher Ausstattung erscheint:
Wilhelmshorster - Peter Huchel: Wegzeichen. Ein Lesebuch. Auszüge aus Lyrik und Prosa. Anhang zu Leben und Bedeutung des großen märk. Dichters; Hrsg. Axel Vieregg. Mit Zeichnungen und Gafiken. Harteinb., ISBN 3-931329-01-1, 23 DM

Martin Ahrends: Zwischenland - Autobiografisches Essay. Exkurs zu einer strapazierten Landschaft und zur jüngsten deutschen Geschichte. Roger Melis und Bernd Blumrich haben das Grenzland eindrucksvoll fotografiert.
ISBN 3-931329-00-3, 25 DM

Walter Flegel: Darf ich Jule zu dir sagen? - Ein heiter besinnliches Buch um einen spannenden Ferien-Sommer auf der Insel Rügen. Pralle Illustrationen (auch farb.) von Maren Simon. Harteinb., 116 S., ISBN 3-931329-06-2, 19,80 DM

Wer schreibt? Kleines Kompendium der Autoren und Übersetzer im Land Brandenburg. 141 Personen in Frage und Antwort, Kurzbiografie und -werkverz. Brosch., ISBN 3-931329-10-0, 15 DM

MärkischerVerlag Wilhelmshorst
Lesen – denken – schreiben

DIE LETZTE SEITE